前田育徳会尊経閣文庫編
尊経閣善本影印集成
25-2

童蒙頌韻

八木書店

東

百廿字

東風凍蝀
霥蒙朦朧
嵩豐嵕崇
雄鴻沖穹
鯼鮦汎潨

紅虹空霟
霂籠瞳朧
桐楓葼隆
蜂蟲充叢
艟艐通灃

例　言

一、『尊経閣善本影印集成』は、加賀・前田家に伝来した蔵書中、善本を選んで影印出版し、広く学術調査・研究に資せんとするものである。

一、本冊は、本集成第三輯（古辞書類）第九冊として『童蒙頌韻』二巻一冊を原寸大（但し表紙・裏表紙は若干縮尺）で製版、印刷した。その原本は遊紙を除き、墨付で第一丁、第二丁と数え、各丁のオモテ・ウラをそれぞれ本冊の一頁に収め、図版の下欄の左端または右端に（1オ）（1ウ）のごとく丁付けした。なお、原本の表紙外題および尾題には「韻蒙求」と記すが、本冊は『尊経閣文庫国書分類目録』に拠って「童蒙頌韻」を書名とした。

一、本冊各頁ごとに柱をつけたが、その本文の頁の柱には、巻次（上平・下平）および韻目（東韻以下）を標示した。

一、冊首に新たに作成した目次を載せ、上平・下平の各韻目に頁数をつけた。なお、韻目の脱字を補った文字には〔　〕をつけた。

一、原本の古包紙二枚を参考図版として解説の後に付載した。

一、冊尾に築島裕東京大学名誉教授執筆の「尊経閣文庫所蔵『童蒙頌韻』解説」を収めた。

平成十二年六月

前田育徳会尊経閣文庫

目次

童蒙頌韻

表紙

遊紙

遊紙

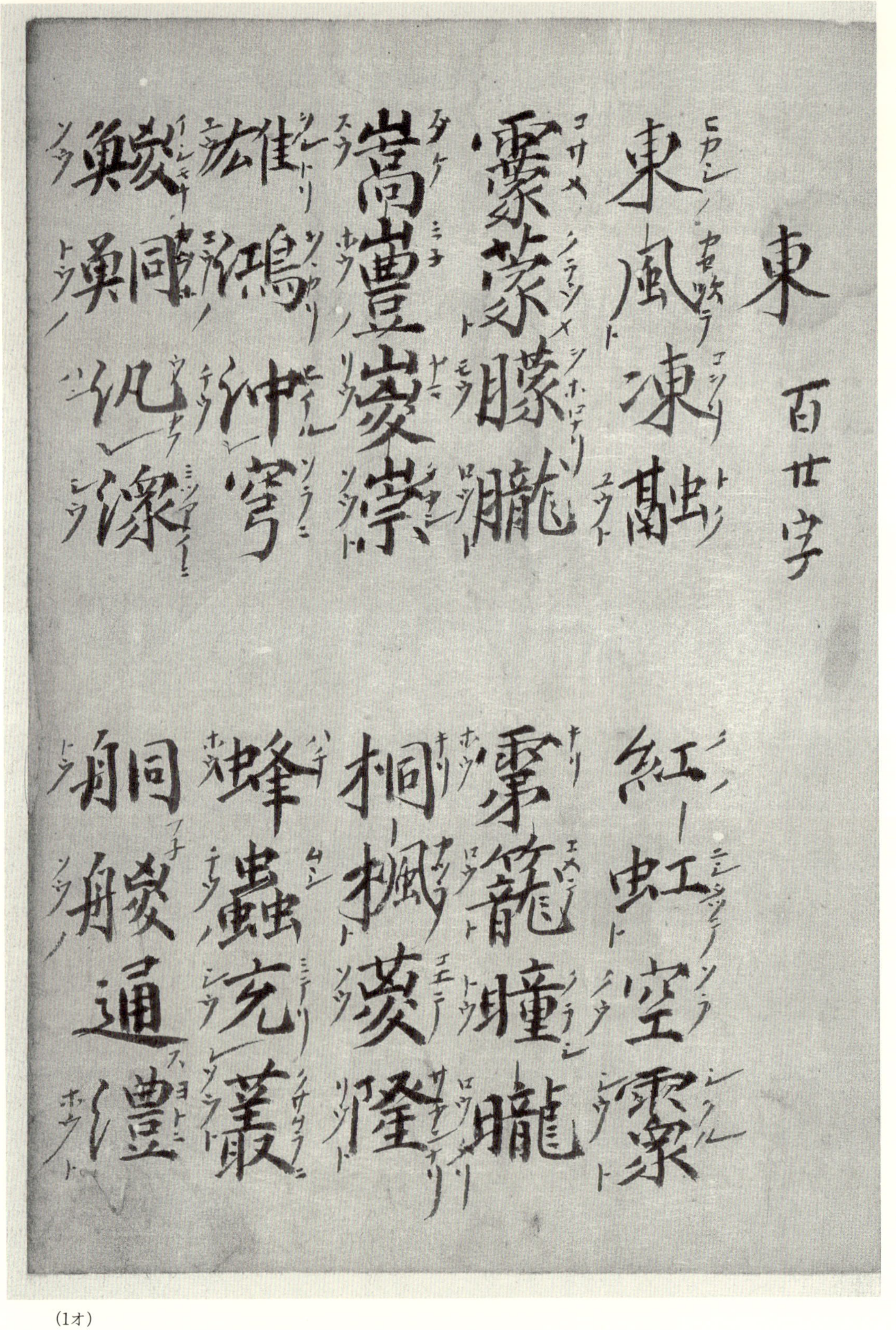
東　百廿字

東風凍融

霥蒙朦朧

嵩豐[illegible]崇

雄鴻沖穹

[illegible][illegible][illegible][illegible]

[illegible][illegible][illegible][illegible]

紅虹空霳

[illegible]籠曈曨

桐楓葼[illegible]

蜂蟲充叢

[illegible][illegible]通灃

(1オ)

蓬菘洞葱
弘忠工功
躬竆艟瞢
櫳冲終螽
戎汚驄櫳
珙龍銅烘

菘蘴潨豊
撞聰翁聾
恫攻癃怱
悾衷洪肜
熊曨瀜騣
緵訌蟲蒙

罿罞篷缸
芎藭芄〻
鶇鸗氋氃
崆峒巃嵸

冬鐘　八十八字

冬醲濃鍾　鐘ー

筩筒總橦
犝𤛘螉蜙
鸏𪇆沖〻
靊霳鼕鼕

彤缸重琮

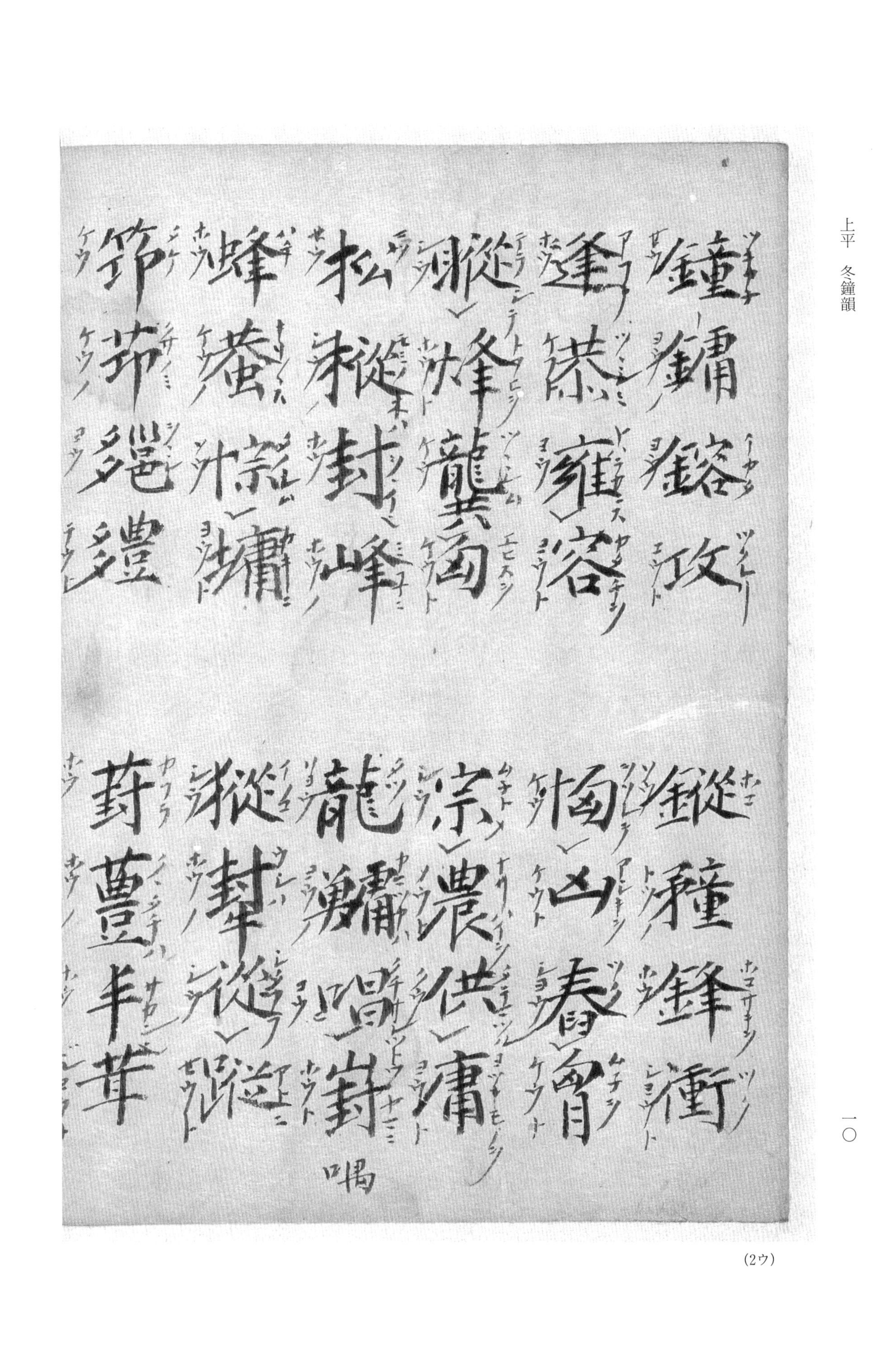

鐘鏞鎔攻
逢恭雍容
蹤烽龔匈
松樅封峯
蜂蠭悰墉
筇邛邕醲

鏦種鋒衝
恟凶舂憧
淙濃供傭
龍鱅喁犎
樅摏從蹤
葑豐丰芃

喁

潨洶々椿
籠篷穠々
倧惷慵傭
訟罿縫褈

舼溶々淙 流之 水声
鴤鸗嗈々
雝邛訟疼
瓨罋摐壅

江　卅二字

江涳杠䉶
瀧淙降矼

（3オ）

摐 𤢪 撞 幢
窓 雙 扛 缸
狵 哤 悾 𢥞

支　百卄八字

支 攱 掎 摫
䨽 罷 曦 垂

浝 艭 䗍 瓨
邦 控 駹 㧺
蛖 痝 舂 夆

為 漪 陂 池
䬋 吹 觜 離

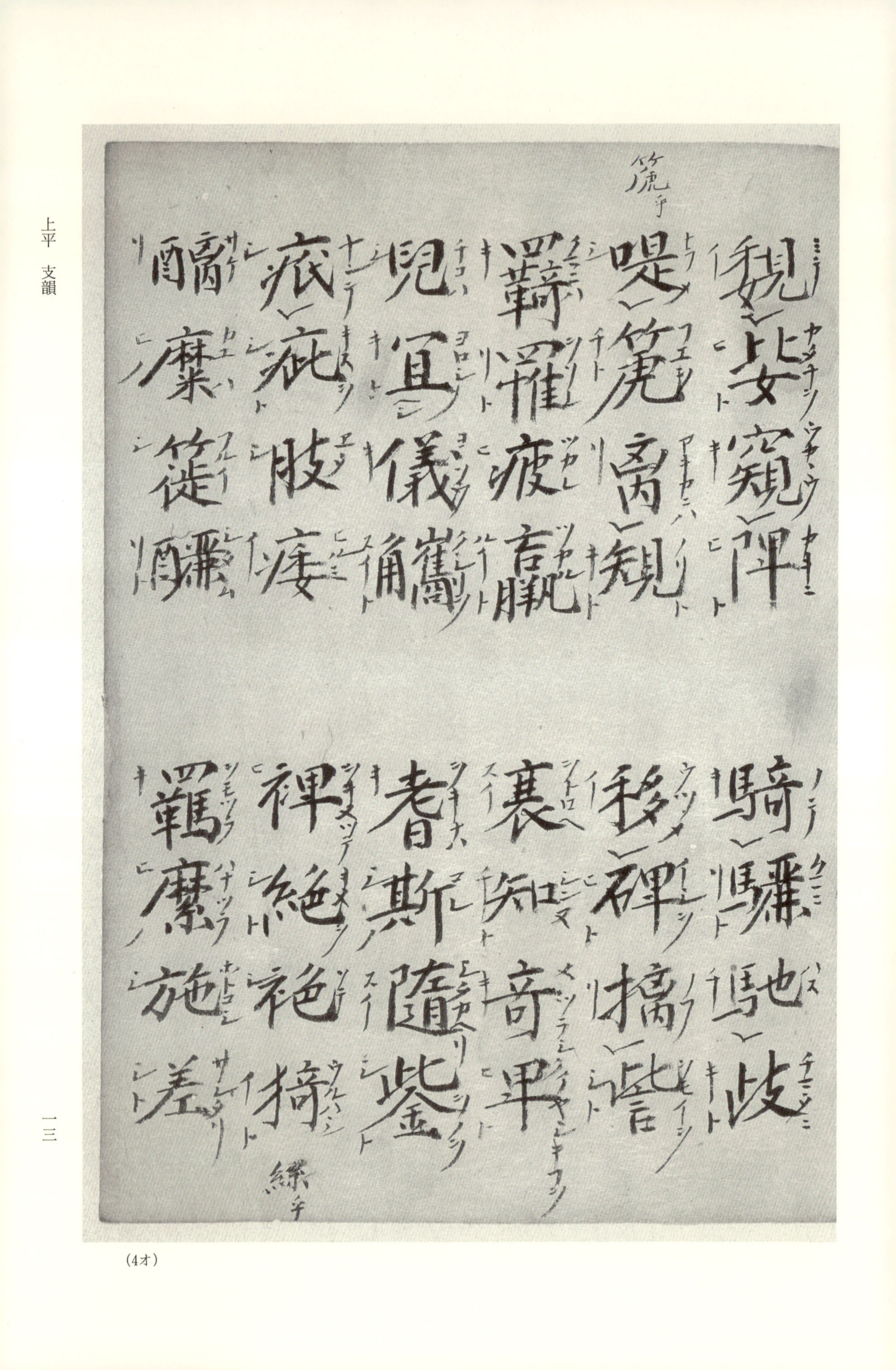

箎 手

覣姕窺陴
𠱓篪离規
羇罹疲羸
兒宜儀觿
疧疵肢痿
醨糜簁釃

騎驪馳岐
移碑摛訾
裏知奇卑
耆斯隨鈭
裨絶袘掎
羈縻施差

縻 手

（4オ）

琦卮酏甀
隋陲麾旇
澌埤涯危
觜
雌柴螭髭
鵯鸍羆纚
鸝鴜褵褷

虧匙玼鍦
歧崎攲碕
颸弥籬隳
罷波犧脾
蠡螔蚑崖
[illegible]蚳逶迆

梔摛萎披
貲奇致戲

脂之　百五十二字

脂滋肌甾
伺箕謀時
詩唯欺颸

錡羈炊嶲
虡怟祇忮
咡嬉詞黴
怡頤揆遲
棊誰遺耆

伊綦毘飢
姫姨眉媸
纍纏諮醫
一逵悲縲
祠墀資粢
慈祺其熹

惟萁貽辭
耆尼姿衰
思尸期司
蹊圯祛綦
師馗持旗
祇僖茲祁

推頤私咨
夔黎龜鰭
騖臑櫜擺
鵄鳲曒塒
蓍茈綦棊
坻基砥夷

笞屍追譩
騅騏犂鮐
鼯睽鼱鼭
葵荄蒔遺
梨椎遲搥
淇湄箣熺

(6オ)

攘栭維治
絺帷鬐綏
台甾胝洟
否癡疑諟
微　六十四字
微々薇稀

錐鎚匕賫
琪笥飴瓷
而綏怡嗤（笑）
熙孜氂彝
霏々霏睎

豨

緋 衣 暉 圍

妃 婔 煒 徽

翬 飛 豨 巋

礒 崎 機 鐖

噫 饑 祈 禨

睎 威 誹 違

馡 幃 依 扉

騑 犩 走幾 走希

璣 煇 旂 揮

幾 圻 圍 徽

矀 肥 譏 痱

欷 渄 悕 頎

鞿蘄賁韋

魚　八十八字

魚漁瀦渠
初舁車輿
予廬舒書
裾袪胥挐

莃[illegible]希菲
猪踈墟畬
徐櫖旟帤
余閭儲[illegible]
居諸如遽

鴽 雎 矑 腒

醹 醵 櫚 紓

梳 嘘 譽 歔

[illegible] 驢 [illegible] 毠

蘧 蒢 蘆 蒘

琚 璩 籧 篨

蔬 藷 茹 菹

沮 踈 狙 阹

[illegible] [illegible] [illegible] 攄

鋤 蕖 苴 藇

蜛 蠩 椐 樗

𡽱 岨 洳 滁

櫚淤除邪
於餘胥與

虞模　百五十二字

虞呉殊都
胡洙紆邪

姑蘇無途
蕪蔞扶厨

儒徒諫誅
愚夫逋辜

奴倶須衢
孤于趨樞

朽

顱圬鬚姝
繻符圖俘
晡雩呼需
菰蒲輸租
烏鳧雛孵
湖鸕娛洿

軀訏膚懦
瓠芋拘諛
盱酺鯆觚
麌虞沽朐
鶵騟駒驅
揄狐呱觚

諛字

（9オ）

趺同

揄梧株枯

⿰牛朱攎跗⿰古頁

鯆腴鮬膴

珠瑜朱盧

⿰舟臾艫軲桴

瘏⿸疒穌茱萸

荼蕍荂敷

豧捂屠髃

酴⿰盧瓦醹壺

罦罛麁⿱大衣

笯爐盂酥

稌⿰禾荼蘆莩

巫俘陬渝
餔臑糊壚
嗚乎吁吾

貙鼯隅憮
敷弧逾殳
惡徂諏闍

齊　九十六字

齊蹊嵇谿
霓霋萋緹

埤崹淒悽
泥埿繄黧

(10オ)

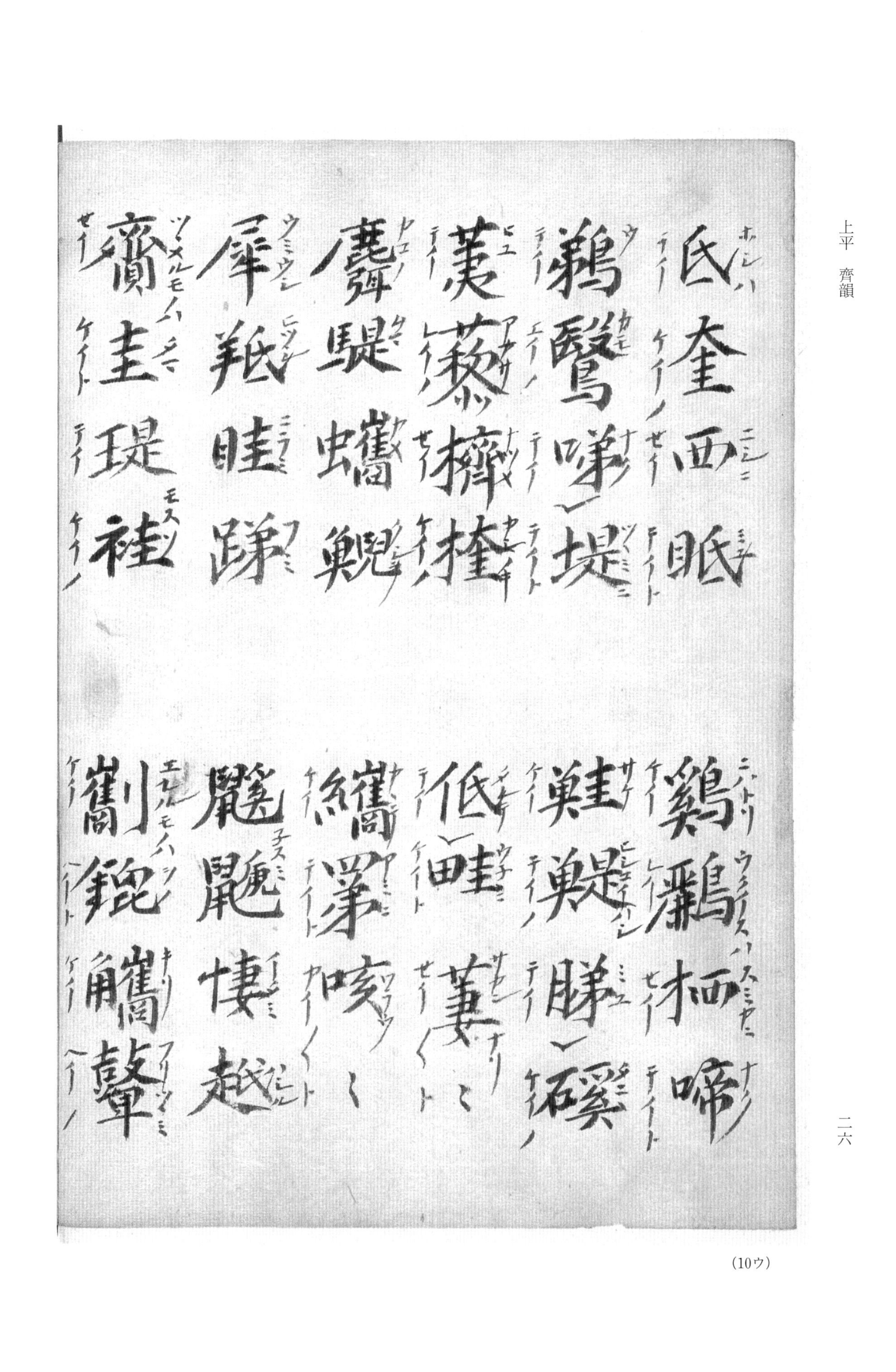

氐奎西眡
鵜鷖嗁堤
萋藜擠挂
麑騠蠵鯢
犀羝畦蹊
齎圭瑅袿

鷄鸂栖啼
鮭鯷睇磎
低畦萋々
纗罤咳々
麗鼷悽趆
劌鎞觿鼙

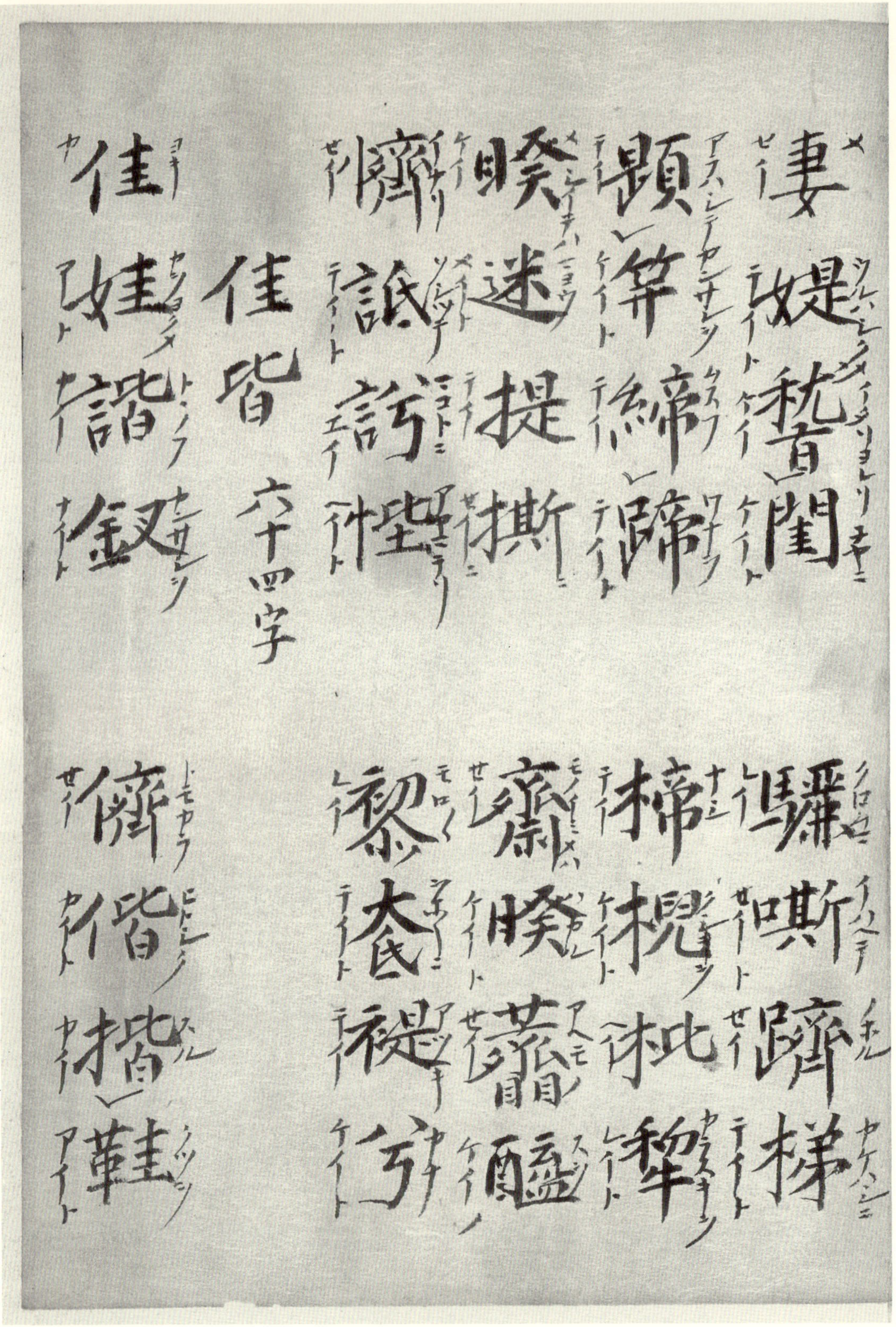

凄媞稽閨

題笄綈蹄

睽迷提撕

懠詆訏恠

佳皆　六十四字

佳娃諧釵

騱嘶躋梯

楴棿枇犂

齋睽薺醯

黎奃褆徯

儕偕揩鞋

(11オ)

俳揌堦柴
霾埋崖涯
乖査差簰
騧庲齜覽
媧哇鮭孃
豺蛙哇喈

柴嵬嵬齋
颽匯階堦
皆輫韮街
洋懷俳偕
娃猤膎臛
鮭鞵腊懷

薢荄簁籭　緺叉衺𢸑

灰咍　一百十二字

鋏摧槐煨　埃咍梅枚

莓苔廻坏　炲煤孩椳

栽櫰棶材　跆萊蓷荄

騋瘣磓礧　媒來徘徊

（12オ）

雷磓催禖
臺頹摧憒
罍醅檯盃
財玫瑰豩
骸騋甄豗
孩顋縗咳

台開推魁
峐㤥崔嵬
鮐胎摧櫑
材徊[illegible]該
[illegible]駘[illegible]瘖
鰓腮能細

琜倭陪陔　瓌輫逨隈
[illegible]畾絯鋂　瓃鐳奏培
裁猜悝灾　磑齝㣔偲
哀哉剴敳　唉顗
　　　　　骨皚

真諄臻　一百廿字

真人掄鄰　仁臣訢民

(13オ)

詢貧淳珍
畛臻秦函
椿榛輪囷
春寅辰晨
津脣堙罠
鶉瞵鶤踆

甄陳繗新
岷諄嶙峋
麟麏遴巡
旻神辛詢
濱垠淪綸
擯捆鱗踚

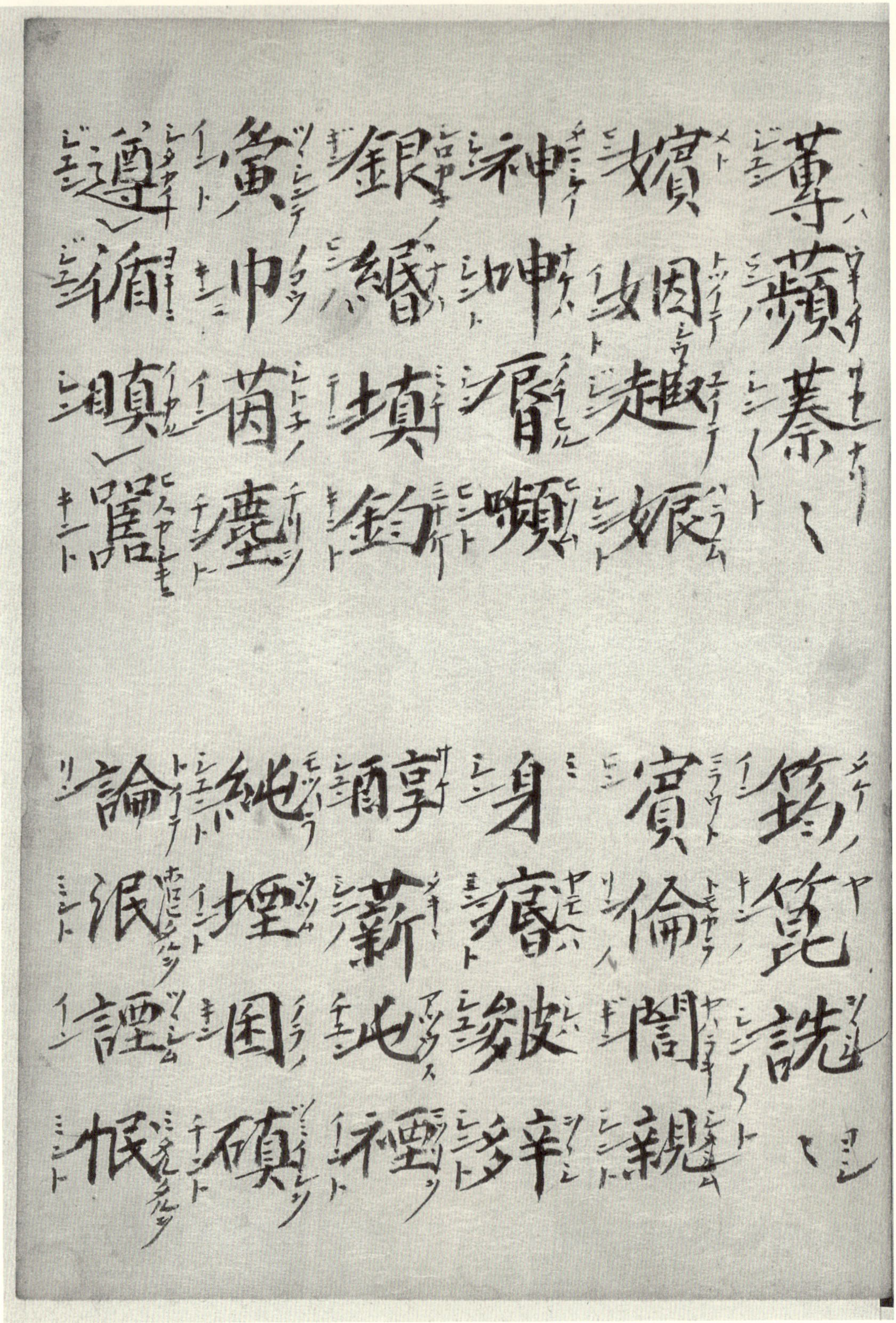
蓴蘋蓁丶
嬪姻趣娠
神呻脣嚬
銀緡塡鈞
夤巾茵塵
遵循瞋嚚

筠箟詵丶
賓倫闉親
身瘨皴辛
醇薪沌禋
純堙囷磌
論泯諲帪

（14オ）

紉紳旬頻
榛堙馴彬

文欣 七十二字

文君云馼
雲昕紛紜
芸薰芬[illegible]

伸紃珣諄
輪駰恂忳
殷軍分勳
雰熏氛氳
枌群橒棻

澐 濆 賁 粉

緟 紋 薫 裙

聞 慇 懃 勤

扮 耘 憤 皸

蚊 𣪊 氛 信

勛 訢 醺 、

墳 垠 殞 蕡

欣 齗 㾕 筋

蘊 斤 斦 䵒

焚 熏 棼 馚

芹 黄 蒕 葢

獯 墐 炘 、

（15オ）

元寃痕　一百四字

元〻軒轅
原源呑坤
樊播抗園
蘋蘩根繁
昆孫論藩

渾〻崑崙
温暄存燉
燉同
惇荅萱垣
蓀萈蘼蓄
鶤鶋鶱門

騵　獂　奔　村
猨　湲　蚖　蟠
恩　敦　尊　言
餛　飩　瓰　瓲
燔　潘　孫　論
畨　賁　惃　晜

鯤　黿　噴　旛
鶱　[illegible]　鷭　喧
婚　涽　煩　魂
珢　六銀　琨　豱　豚
鐏　湓　[illegible]　屯
掀　[illegible]　攀　旛

(16オ)

繙褌　捫痕
墳諼　恨、

寒　八十八字

寒闌　汗　干
彈冠　盤桓
邯鄲　嘆懣

蹲撴　援跟
軒騫　暾、
飡　酸　肝　歡
端官　蹣跚
巑岏　看難

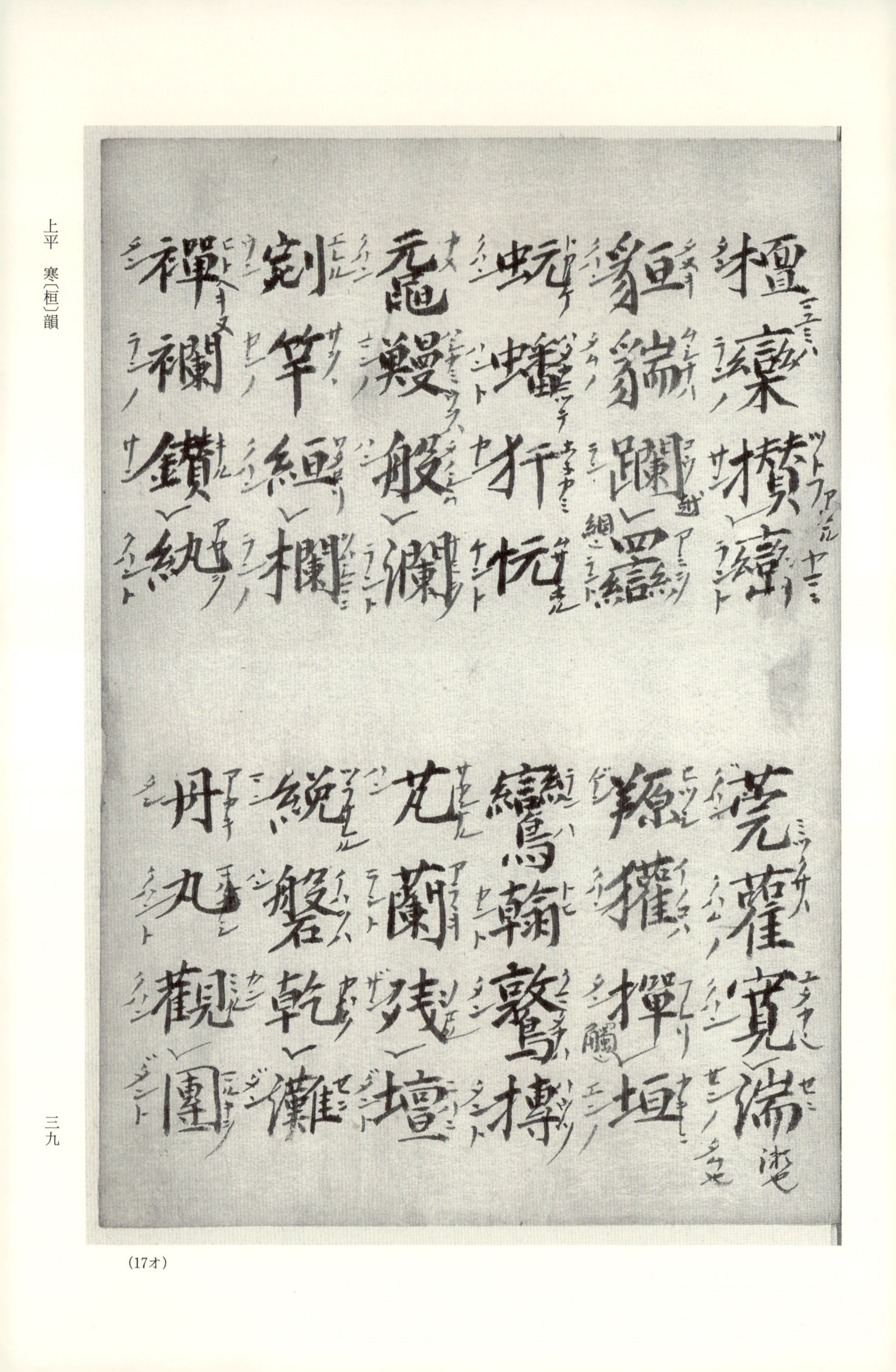

檀欒攅欒
貆貒躝羉
蚖蟠扞忨
黿鰻般瀾
剜竿絙欄
襌襴鑽紈

莞萑寛端
豲獾撣垣
鸞翰鷔摶
芄蘭残壇
綄磐乾灘
丹丸觀團

驩　驙　單〻　（馬喘也）

鞍　般　籣　靳

刪山　五十六字

刪　姧　閑　蠻

顏　嫺　鬘　鬟

閒　山　斑　班

簞　盞　戔〻

僤　浣　彈　按

訕　頑　謾　鰥

瞯　頒　環　鐶

寰　闤　扳　憪

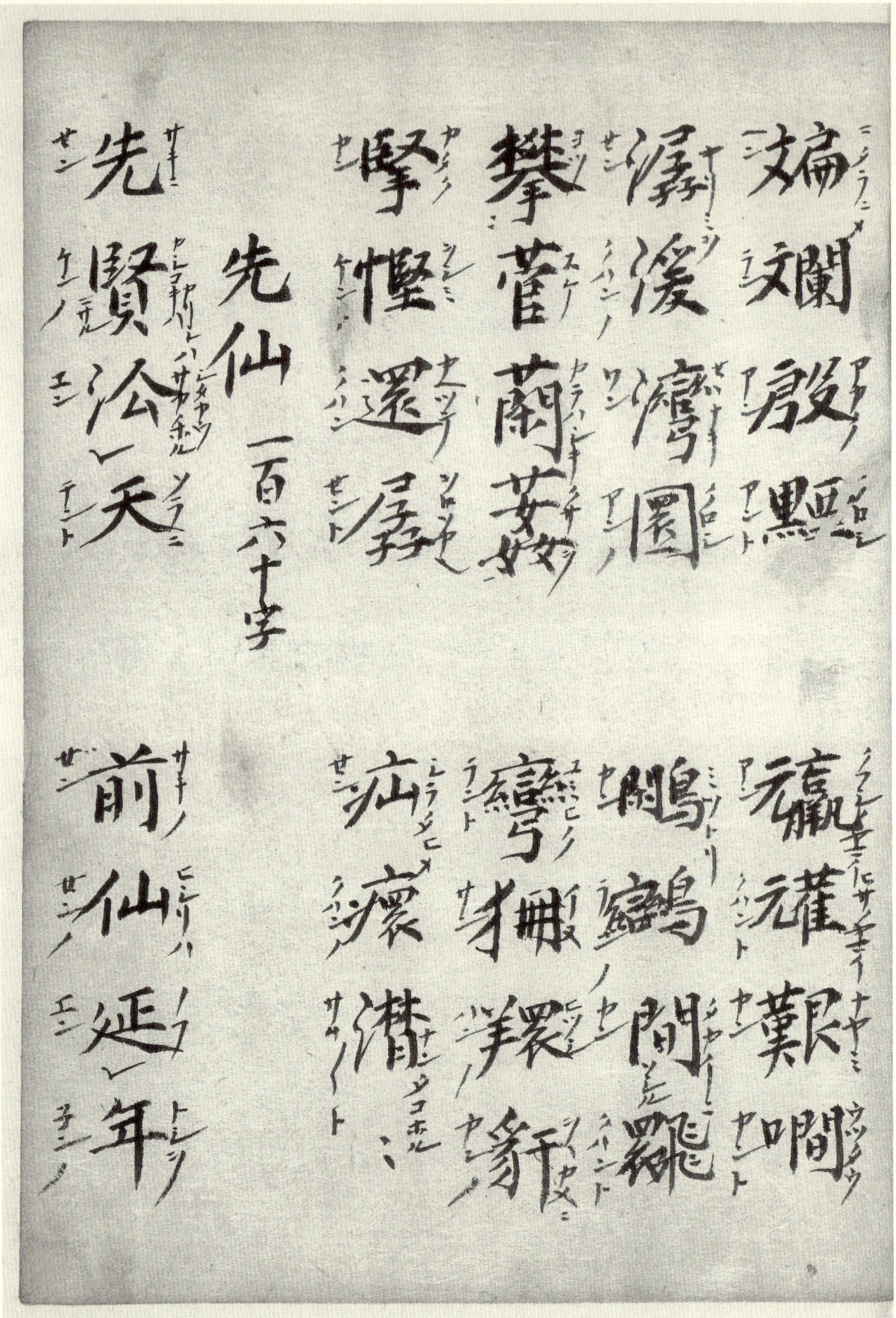

斒斕殷黫
潺湲灣圜
攀菅蕑姦
掔慳還孱

先仙　一百六十字

先賢沿天

[illegible][illegible]艱[illegible]
鷴[illegible]閒[illegible]
彎[illegible][illegible][illegible]
疝寰潸

前仙延年

（18オ）

傳箋編篇
璇圓淵泉
烟燃巔槇
阡邊佃田
甂荃纏蓮
鸇鵑鳶鳽

宣牋揃筌
蓮鮮川涓
躔遷玄乾
埏堧孱湲
蘚[illegible]聯綿
漣翩焉翾

鱣 鱄 鯿 鰱
騚 騝 趼 骿
蚈 蠲 蟬 蝒
瑄 鈿 硏 鐫
顚 巓 嬋 娟
呑 愃 禪 眠

蹁 躚 然 連
旃 旜 褰 卷
蠸 蠉 豣 獧 忍縁切 兎走貌
鉛 錢 懸 銓 ー衡
肩 咽 便 嬛
涎 愆 遄 憐

（19オ）

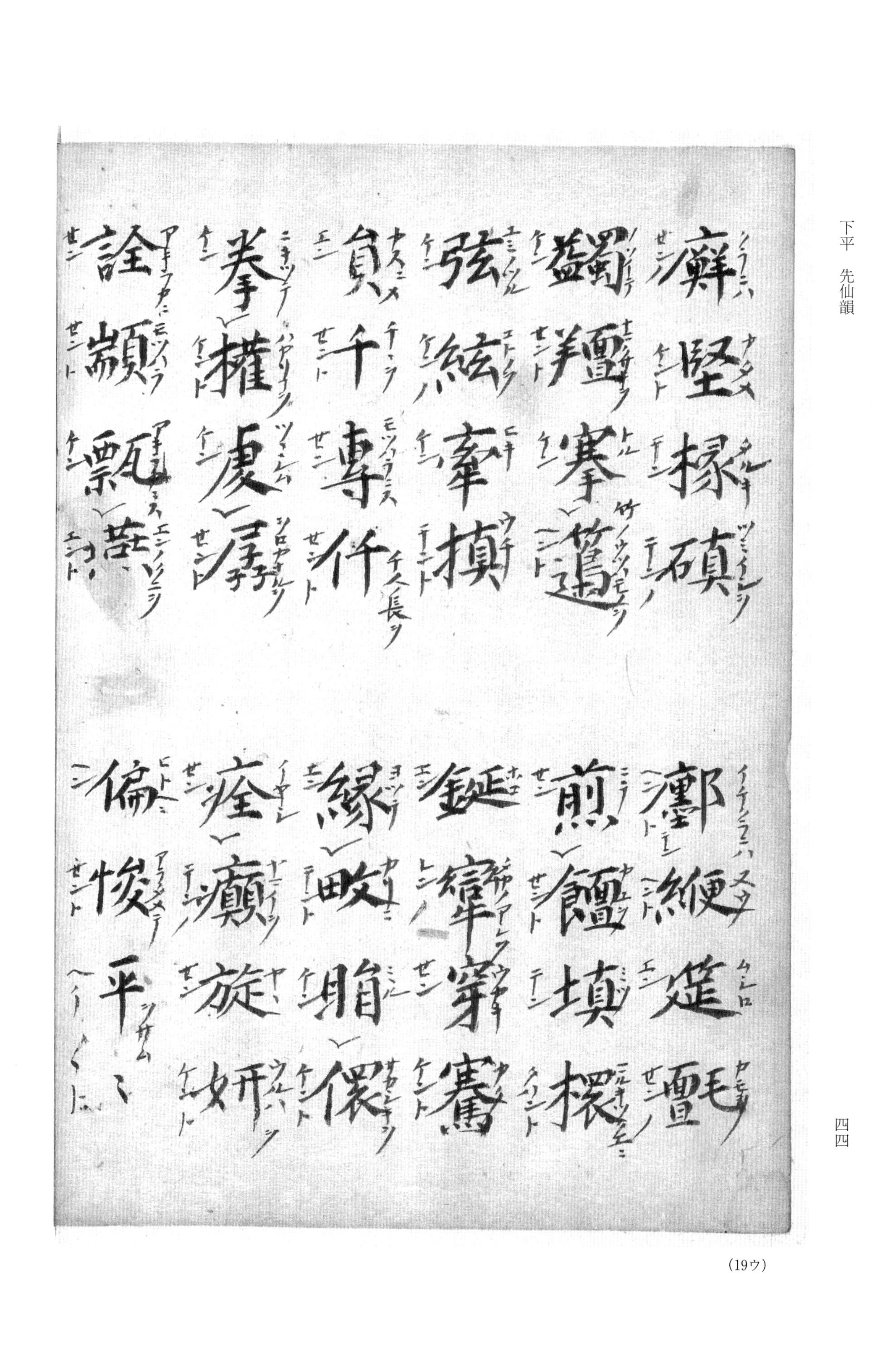

鮮堅椽磌
蠲羶搴籩
弦絃牽槇
員千專仟
拳權虔孱
詮顓甄莚

鄽緶筵氈
煎饘塡檈
鋋輦韉騫
緣畋睊儇
痊癲旋妍
偏悛平ヽヽ

蕭宵（宵）　百廿六字

蕭（エミキノ・セウ）條（エダ・テウノ）標（コズヱ・ヘウ）凋（シボメリ・テウト）

迢（テウ・ノト）　（ハルカニ）杓（ホシ・ヘウ）漂（サカ・ヘウト）

朝（アシタノ・テウ）蜩（セミノ・テウノ）嬌（ケウ）謠（ウタウ・ヨウト）

鵰（テウ）鷂（ハイタカ・ヨウノ）飄（ヘウ）霄（ソラニ・セウト）

僬（セウ）僥（ケウノ）跳（テウ）[illegible]（ヨウ）

飄（カゼ・ヘウ）颻（ヨウト）飆（ツムジカゼ・ヘウ）翹（アガル・ゲウト）

飉（カゼ・リヤウ）〻（フキテ）颻（テウ）搖（ヨウト）

宵（ヨルノ・セウ）鳥（ケウノ）料（ハカル・レウ）祅（ワザハヒ・ヨウト）

鰩（トビウヲ・ヨウ）鯛（テウノ）踃（ハシル・セウ）潮（ウシホ・テウト）

鷦（セウ）鷯（レウノ）逍（セウ）遙（ハルカ・ヨウト）

（20オ）

啁唯蛁蟟
䔄苕邀橋
貂貓驍趫
艘彫船䑼
瑤琱陶昭
洮徼喬憍

梢搖蟰蛸
蕉蕘蘇墝
藨苗消綢
膮焦鐎鍫
綃繚傜饒
驕招夭澆

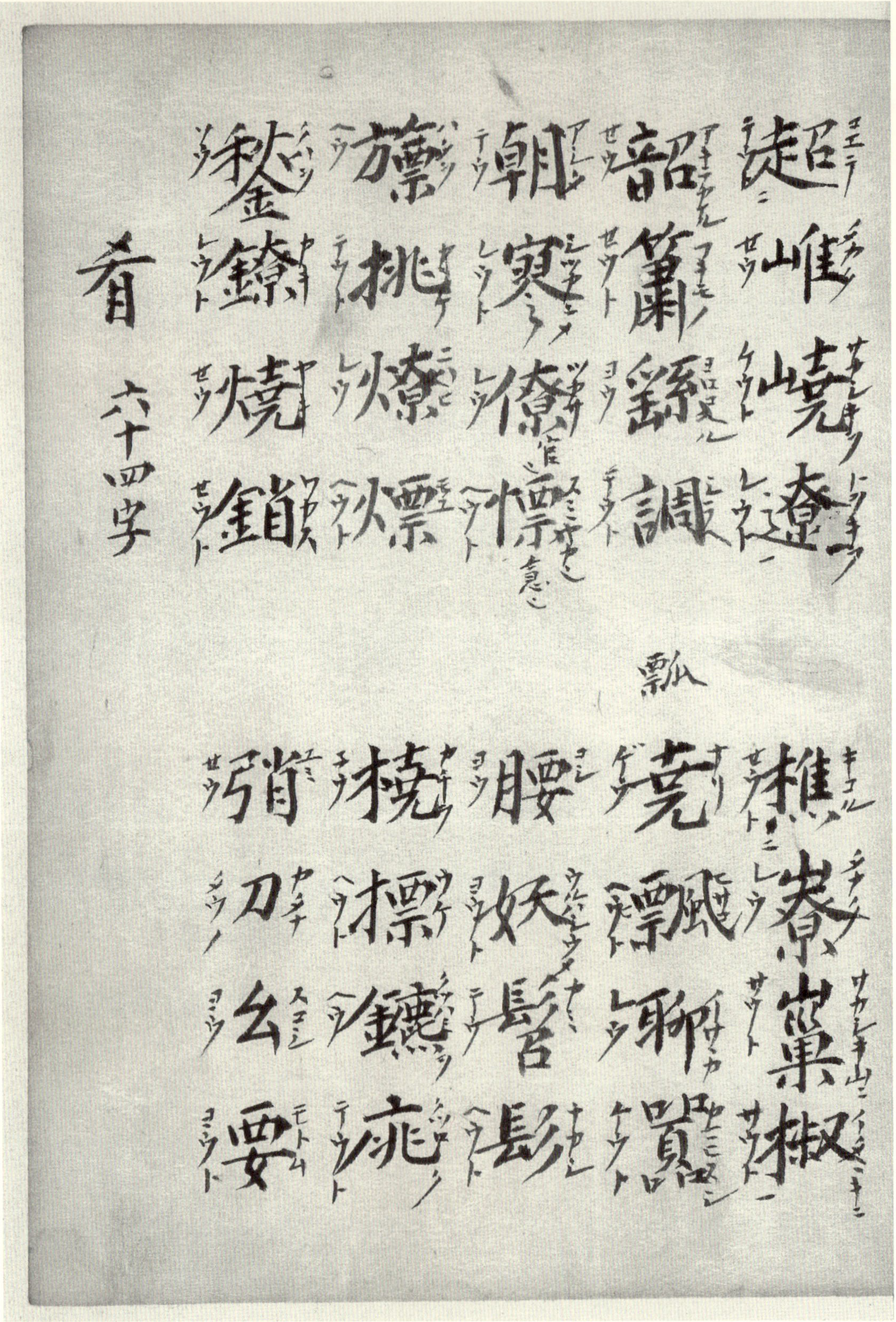

超嶕嶢遶
韶簫繇調
朝寥僚慓
旚挑燎熛
鍫鐐燒錨

肴　六十四字

瓢

樵寮巢椒
蕘飄聊囂
腰妖髫彪
橈標鑣猋
消刁幺要

(21オ)

肴　匏　鮫　鮹
蛸

郊　麃　敲　骹

蛟　交　淆　泡

嘲　顤　䫜　顟

綃　梢　恔　颮

轈　輎　抛　旓

庖　教　炰　苞
炮同

巢　鵃　咬　撓

貓　佼　殽　茭

捁　拗　麭　瓟

罦　罞　炒　磽

笅　鉸　捎　鐃

[illegible] [illegible] 咆 呶
譊 胞 鉸 髾

豪　六十四字

豪 毫 高 髦
遭 褒 忉 [illegible]
叨 饕 [illegible] 瑫

弰 鞘 膠 抄
勦 爻 摎 茅
曹 挑 謟 勞
遨 陶 逃 騷
操 撈 刀 旄

(22オ)

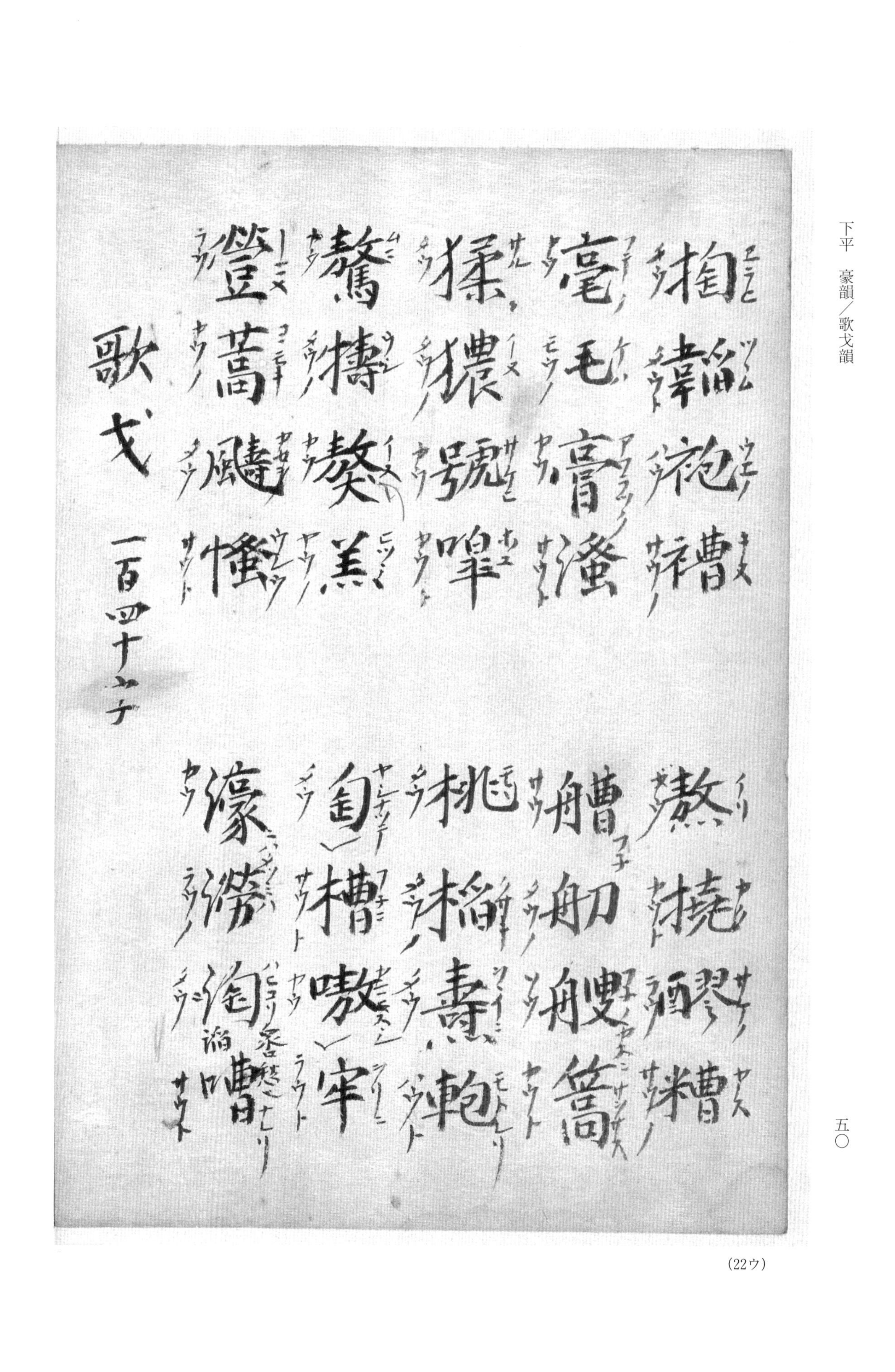

掏韜袍糟

毫毛膏搔

猱獿號嗥

驁檮獒羔

燈蒿颾慅

歌戈　一百四十二字

熬撓醪糟

艚舠艘篙

桃縚濤鞄

匋槽嗷牢

濠滂淘嘈

蘿

歌 和 訛 哦
拖 羅 婆 娑
柯 蘿 波 荷
艖 訶 驒 珂
苛 莎 禾 茄
鮀 魦 螺 蝸

醝 酡 課 魔
過 科 蹉 跎
阿 鼉 窠 鵝
籮 莪 [illegible] 囮
婆 娑 多 阿
摩 挲 吪 磻

(23オ)

魔

磨戈磋梭
馱騾呵羸
哦痾儺瘣
嵯峨坡陀
鈔鑼何鍋
[illegible]鹺紽脞

[illegible]鞾搫蓑
搓蛾[illegible]鼉
[illegible]痑[illegible]駝
抄攞挼[illegible]
[illegible]俄盉欏
銼[illegible]那[illegible]

頗訶佗詑

麻　八十八字

麻遮葭茶

挪[illegible]檛[illegible]

蟆哇吧呀　大口白

鴉譁[illegible]邪

倭軻傞

芽沙葩差

遮霞花奢

豝牙[illegible]齖

蝦赮騢華

(24オ)

騧 過 摣 車

瓜 拏 茄 荂

袈 裟 犽 紗

剗 艖 鈄 拏

巴 笳 賖 抓

衙 夸 家 廈

麚 罝 駕 笯 鳥籠

珈 嘉 瑕 碬 礪

髿 毿 加 緺

樝 䶥 世 柤

媧 謯 遐 誇

奢 窪 査 洼

[illegible][illegible]譇詉

嗟[illegible]瘥邪

陽唐　一百六十字

陽光方暘

商涼相望

[illegible]忙颺[illegible]

霜[illegible]蒼〻

楊堂粧荒

蔣[illegible]芒芳

桑[illegible][illegible][illegible]

塘汪[illegible]行

(25オ)

駺驤駠襄
凰鶬翔頏
狼獚吭眶
倉粻囊粮
湯溏皇王
堂房孃娘

椋糖剛強
韔洋狂蹌
蟷螗肪膓
粱糖彊瑭
鄉莊框疆
廊廂匡坊

黃　香　裝　牀
祥　彰　郎　暘
璜　藏　箱　筐
檣　薑　常　嘗
當　傍　攘　迒
場　篁　穰

張　良　疆　梁
昌　沆　滄　浪
檣　楊　艎　航
漿　糖　旁　湘
擣　央　滂　隍
溏　漲　洋

揚

（26オ）

裳量長行　觴忘傷肓
遑當彷徨　康將尚徉
詳皦緗章　臧償贓賞
亡蝗防殃　惶佯障瘡
喪

庚耕清　一百十四字

庚丁睛明　更迎晶清

觥

京城評程
卿貞兵征
桁輕行輣
瓊盛盈籯
擎觵賡平
鯨瀛泓澄

兄甥并名
生甖氓耕
睛宏蹬楹
鎗閎烹羹
傾鸎星醒
鸚阬崢嶸

(27オ)

荊萍蒯莖
鸚䳟嚶鳴
笙箏詢訇
桁棖檽甍
抨騯騂頳
珵瑩亨精

櫻橙成檠
猩牲鼕鷩
旌旍淜䌿
屛𣞁橫衡
𧐐蝗抨搒
纓輕縈頸

争英聲營

青　七十二字

青冥星熒(光也)
鴒翎經齡
涇汀坰町
醽醒形瞑

令(使也)誠情盟
暝溟霆聽
螢穎丁屏
萍泠菁腥
刑停聆寧

銘硎釘舲
廳庭亭髙
魿鯖腥鯹
瓶瓴訂型
螟蛉蜻蜓

蒸登　八十字

鈴柃罫搷
蓂零苓馨
駉羚駫[illegible]
[illegible]惺覭[illegible]
虰蛵[illegible][illegible]

蒸〻稱朋
膺肱憑凭
鷹蹬鵬鬅
登層崚嶒
氷凌澄凝
璒訒應燈

兢〻称僧
繒綾滕訪
蠅仍驓賸
昇陵硼磳
藤菱曽興
繩縆丞罾

（29オ）

簦 勝 絭 縢　烝 蒸 䁉 䔲

弘 堋 夌 塍　緪 棚 扔 繒

恒 懲 淩 兢　能 凌 崩 薨

憎 搄 增 矜　乗 凌 徵 升

尤侯幽　一百四十四字

尤 遒 秋 颼　猶 稠 調 雺

游　樓　眸　幽
醅　攸　休　憂
收　蒐　搜　鎪
脩　裘　魗　懤
櫌　疇　耰　溝
舟　艘　浮　洲

周　洲　謳　悠（遠之）
錇　頭　羞（進之）　籌
揄　彄　膢　㥺
蹂　麃　遒（迫之）　油
罘　流　蒐　丘
鰌　䱐　游　遛

（30オ）

鵂　鷗　鞦　滮

鳩　囚　鶖　艘

射水鳥矢
磐

騮　髟　牛　廇

楸　楢　枕　榴

萩　莸　酋　蔞

猴　愁　鴾　啾

蝤　蚪　侯　緰 布也

球　鉤　斿　旒

輖　輈　艀　篝

觩　鏐　脩　抽

綢　繆　侔　蘇

犨　牟　麀　呦

髹 矛 柔 鞲
酬 讎 優 囚
侯 儔 勠 謀
由 輶 句 訧
糇 [illegible] [illegible] [illegible]

侵 独用 八十字

投 毬 棓 枹 鼓槌
劉 偷 惆 [illegible]
仇 逑 畱 猶
求 絇 [illegible] [illegible]
疣 瘤 瘳 不

侵　壬　參　淫
林　欆　梣　森
凜　撢　衾　襟
尋　深　鐔　今
欽　鍼　金　簪
琛　琳　瑊　瑨

臨　參　霪　霖
岑　嶔　崟　嶔
陰　吟　琴　瘖
斟　尋　撏　心
諶　擒　黔　椹
鯩　鱏　鱔　鱵

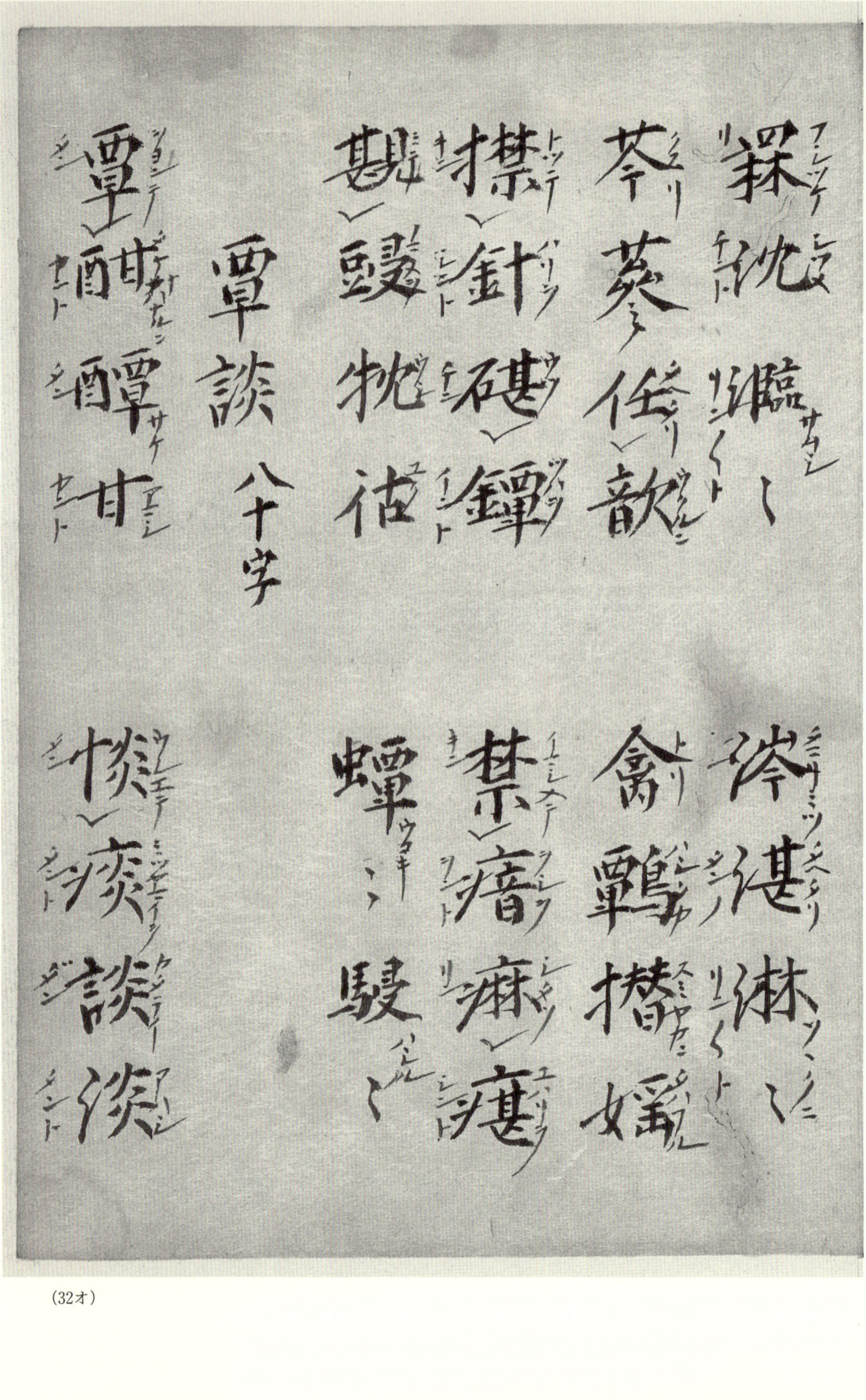

罧沈瀶〻
芩蔘任歆
搇針碪鐔
戡鬵枕祐

涔湛淋〻
龕鷤揞婦
禁瘖痳瘎
蟫〻駸〻

覃談　八十字

覃酣醰甘

惔痰談淡

（32オ）

男　甔　蠶　弇

蠶　貪　婪　蚶

甝　驂　趝　趕

襤　杉　馣　馠

耽　錟　鋟　鐔

譚　潭　探　顄

媅　踏　泔　簪

籃　擔　藍　潭

龕　庵　藍　淡

柑　甘　甜　甘覃

撏　蚶　蜑　䖘

倓　涵　戡　面含

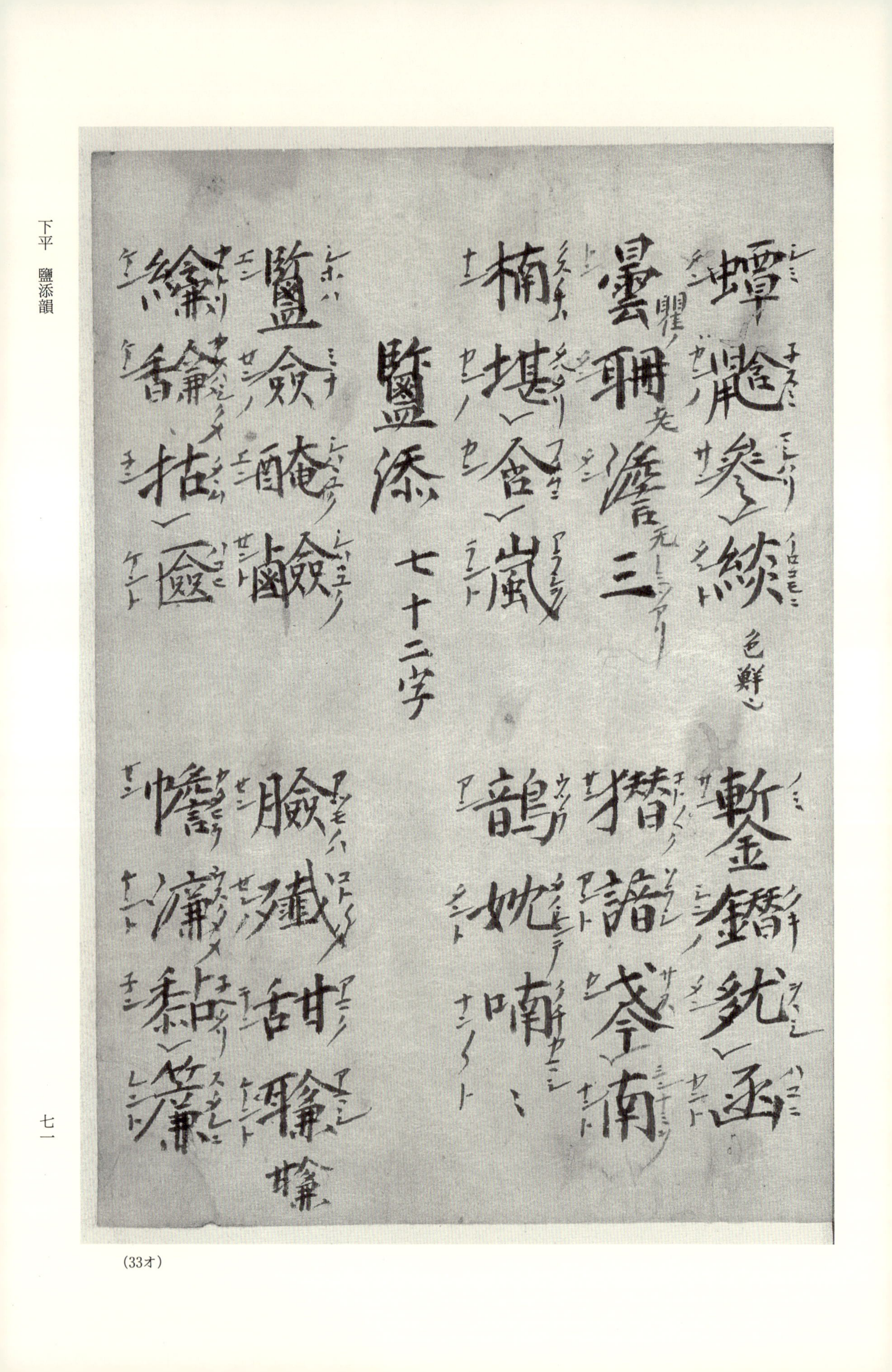

蟫黭毿縿

曇聃澹三

楠堪含嵐

鹽添　七十二字

鹽僉醃鹼

纖籤拈奩

鏨鐕毵函

揩諳參南

鶕妉喃々

臉殲甜驂

幨廉黏簾

（33オ）

阽 崦 暹 淹

鮎 䶨 潛 罨

溓 㢘 添 尖

髫 黔 髯 妗

漸 襳 沾 苫

厭 痁 撏 砭

瞻 簷 蟾 纖

獫 攕 詹 閻

鎌 鑯 兼 銛

䨙 霑 炎 燂

佔 籤 覘 鈐

怗 覘 鶼 鬑

厭 沾 撏 諂

咸銜　三十二字

咸 鑑 鹹 ⿰鹵占

瑊 緘 艬 攙

羬 毚 ⿰臽攵 鏨

函 衫 銜 ⿰馬咸

殲 嫌 ⿰兼欠 饜

品 嶃 ⿰目監 纔

巉 嵒 ⿰音彡 ⿱雨弓

⿰監刂 芟 欃 杉

諴 監 讒 劖

（34オ）

嚴凡　一十六字

嚴　鈒　凡　𢓊

氾　𤺋　帆　颿

芟　枚　杴　𦸣

味曰ㄧ　芋ㄧ辛

汜　醃　於忄切

韻蒙求終

総計卅四丁

明治二十九年十
二ノ三 寫ヨリ

此紙端有弘治跋
款為綴綠掩之

裏表紙見返

裏表紙

尊経閣文庫所蔵『童蒙頌韻』解説

築島　裕

「童蒙頌韻」二巻は、三善為康（一〇四九〜一一三九）の撰で、一般には群書類従文筆部巻第百三十七に所収の本が流布している。成立は、序文によると、天仁二年（一一〇九）四月であって、右近衛権中将藤原某の委嘱により、漢字二千九百五十五字を韻文に綴ったものであり、書名からも窺われるように、幼年者の初学のために編述されたものと考えられる。今回複製する前田育徳会尊経閣文庫蔵本には、尾題に「韻蒙求」と記しているが、「蒙求」のように故事来歴を含んだものではない。それ故、この名称は、必ずしも適切とは言えないという見方もあろうが、『蒙求』なる書名は、撰者李瀚の序によれば、周易の「有童蒙求我之義」に基づき、幼童のための書という意味であるとすれば、一往納得出来ることであるし、又、漢字四字一句で構成されているのが、「蒙求」を模倣して作られたとも考えられるとすれば、「韻蒙求」なる名称も、強ちに斥くべきでないかも知れない。しかし、この書名は一般的でなく、「童蒙頌韻」の方が一般的であるから、この呼称を使用することとしたい。

一

『童蒙頌韻』の諸本には、鎌倉時代以前の古写本は知られていない。今回影印する尊経閣蔵の、室町時代弘治二年（一五五六）書写本が、現存最古の写本とされている。去る昭和四十九年に、川瀬一馬博士の解説を付し、「古辞書叢刊」第三回配本として公刊されているが、今回、改めて原本の撮影により、精密な影印を学界に提供しようとするものである。

原本は料紙に楮紙を用い、袋綴装、四穴、茶渋掃表紙に素紙の貼題簽を施し、外題に「韻蒙求」と記す。縦二〇・四糎、横一五・六糎を算する。一面六行に書写し、界線は無くて上下二段に配し、一段に各四字を記す。本紙三十四丁、他に巻首と巻末に本文と同質の遊紙各一紙がある。印記は無い。部分的に裏打を施している。

内題は存せず、直ちに本文を記す。尾題には「韻蒙求終」と記し、尾題の下に「捴（惣）計卅四丁」と誌している。奥書は第三十四丁綴代に「弘治二丙辰二月廿四日ヨリ三月二日書了」とあるが、現装では綴込まれて僅かに筆画の一部が認められるに過ぎないが、書写奥書として、本書の書写年代を示していると考えられている。なお、巻末の遊紙の裏面に「此紙端有弘治跋／款為綴絲掩之」と記した近代の紙箋が貼られている。

古包紙が二枚あり、内側の包紙は厚手の楮交り斐紙で、縦三八・一糎、横四七・五糎、外側の包紙は楮紙で、縦三四・一糎、横四八・〇糎を算する。内側の包紙には、表書に「古本 中 経 小孛／韻蒙求　壹册」とあり、内書には、先ず左側見返に「是韻蒙求一冊者元禄三年臘月／二十四日四辻羽林被贈于余畢／　左近衛権中将菅綱紀識之」と前田綱紀公の入手についての識語があり、続いて一行置いて「今按巻尾弘治二丙辰二月廿四日ヨリ三月二日／書了恐是撰者之親筆也乎」と記されている。次いで左側外面に「韻蒙求畧流覧仕候

如此一韻ノ字ヲ／語句連綴仕候事ハ大才思ノ人ナラテハ／難仕奉存候是者弥書ニ奉存候常体ノ／書ニハ無御座候／右韻蒙求ハ日本人撰申ニテ候／七月十七日　木貞幹上」とあり、木下貞幹順庵の筆跡があるが、順庵は元禄十一年（一六九八）に没しているから、前田綱紀公の自署の後、間もなく記されたものであろう。更に右側見返に楮紙の貼紙があり、「韻蒙求一覧仕候所東ノ韻ヨリ嚴凡マテ毎韻平字之分四言ノ聯／句ニ仕候小補韻會五車韻瑞ヲ以テ字数引合見申候処右韻會韻瑞／ヨリ字数少宛多御座候韻府韻會韻瑞等之類古キ韻書ヲ以テ／仕立申物ニ奉存候尤日本人之所作ニ相見候へ共成程宜シク仕立其上近来／之作ニ而ハ有之間鋪様ニ奉存候勿論終ニ見聞不仕書ニ御座候以上／十二月廿五日　室新介／小瀬又四郎」と室鳩巣の記があるが、鳩巣は順庵の弟子であり、順庵の後に記されたものであろう。両人共に加賀藩に仕えた儒者で、公の下問に答えた記事と思われる。更に外側の包紙には表書があり、「古本　經　小学」、別筆で「新納二番」／イ（朱書で方形に囲む）韻蒙求　一冊／墨付卅四丁／尊経庫主人（花押）（前田綱紀）」、貼紙に「此書ハ三善為康の著にして童／蒙頌韻と號するものなり群書類従／ニも収めたり」とあり、この段階で初めてこの書が童蒙頌韻であることが認められたようである。この貼紙が何時のものかは明でないが、余白一杯に貼られており、近時のものかも知れない。但し「尊經閣文庫圖書目録」には「童蒙頌韻」と登録されているので、本影印本もこの題名に拠った次第である。

本書の写本については、既に川瀬一馬博士の考説があり、諸本を引用して詳説されている。

二

作者の三善為康は、『本朝新修往生伝』（仁平元年［一一五一］、藤原宗友撰）（続群書類従巻第百九十九）によると、越中国射水郡の人で、射水姓であった。治暦三年、十八歳の時、上京して、算博士三善為長に師事して、その入室の弟子となった。（この記事から逆算して、永承四年［一〇四九］生と推定される。）そして、算道ばかりでなく紀伝、すなわち文学や史学をも学んだ。省試には合格しなかったが、後、少内記に補せられ、堀川院の御宇に算道に熟達していることから、算博士に任ぜられた。後に、諸陵頭を兼ねて、正五位下に到った。幼少の時から、観音に帰依し、如意輪大呪を誦すること限りなく、多く霊験があった。三十歳以後は道心に住し、五十歳以後は毎日念仏一万遍を唱え、常に修善の事をして極楽に廻向したが、承徳二年八月四日の夢に、既に生涯を終えて死路に向う時に、阿弥陀如来が諸菩薩を率いて来迎したが、その時に人有り、汝の命は未だ尽きていない、後年、八月四日に来迎すべしといった。夢醒めて、ひたすら三宝に祈り、天王寺に参詣して、九日の間に百万遍の念仏を唱え、彼の夢が虚妄でなければ、舎利三粒出現すべしと祈念したところ、金玉の声があって、舎利三粒が出現した。経論の中から、

往生に近づいた人の話を集めて『世俗往生決疑』を撰した。又、『拾遺往生伝』三巻、『後拾遺往生伝』三巻を著した。承徳元年（一〇九七）以後、毎日金剛般若経三巻を誦して『般若験記』一巻を作った。その後も、般若心経三百巻を読み、肉食殺生を絶ち、念仏、読経などに精進して、臨終に備え、保延五年（一一三九）八月四日に西に向って九十一歳の生涯を終えたが、没後三日は身体に薫香があったという（以上『本朝新修往生伝』による）。又、『元亨釈書』（元亨二年［一三二二］虎関師錬編）の記事は、『本朝新修往生伝』に拠った所が多いと思われるが、進士明経二科目を習得し、朝議大夫に到ったとしている。

三善為康の撰に係る詩文、文書集に『朝野群載』がある。序文によると、永久四年（一一一六）に三十巻と為したというが、その後増補したらしく、保安、大治、天承のものも含んでいるという。しかし為康の在世中の時期であるから、撰者自身による増補の可能性は高いであろう。但し、現在では十、十四、十八、十九、二十三、二十四、二十五、二十九、三十の九巻を逸し、二十一巻を存するのみである。内容は文筆、朝儀、神祇官、太政官、摂録家、公卿家、紀伝、陰陽道、仏事、太宰府、諸国雑事など、詩文を始め、多数の公文書を類聚して編纂したもので、文章の道に優れ、然も朝廷の記録の内記の官にあった者として初めて成し得た業績であろう。

彼の著述としては別に『続千字文』（群書類従文筆部巻第百三十五所収）一巻が伝えられている。難字を含む四字一句を連ねたもので、藤原敦光や藤原基俊の賛辞が添えられており、当時の文人の間でも高い評価を得ていた、信仰心の深い人物であったと思われる。

三

『童蒙頌韻』がさほど長編でもないのに、上下二巻に分ち、しかも多くの本が一冊本であるのは、広韻などの韻書で、平声所属の字が非常に多いので、便宜上、上平声と下平声とに区分した、その伝統を承けたからであろう。本書では、夫々の標目には平声字を立てて、それに対応する上声字、去声字（具体的には『韻鏡』や『三重韻』など）を併せ収めて、平声字で代表させる方式を採っている。入声字が収録されていないが、本書が漢詩製作のための本であるとすれば、これは一つの欠陥であると見なければならないであろう。

尊経閣蔵本には序文を欠いているが、群書類従本や、その元となったとされる静嘉堂文庫蔵本には序文があり、「右親衛藤員外次将」即ち右近衛権中将藤原某の、「汝摭㆓小切之文㆒、宜㆑作㆓大都之頌㆒」という命によって、再三固辞したけれども許されず、重点三十七字を除いて、凡て二千九百五十五言を撰したという。重点とは、重出の字を指すと見られる。右の中で「小切」というのは、「大都」の対句であり、「細々とした文」の意かと思われるが、他に用例を見ない語であって、確でない。或いは『図書寮本類聚名義抄』に見える逸書の「小切韻」のことかとも思われるが、尚、後考に俟ちたい。

尊経閣蔵本の『童蒙頌韻』には序文が無いが、本来有ったのが失われたのか、それとも序文が後から附加されたのかは、軽々に断ずることは出来ない。しかし、天仁二年の年紀を持つ静嘉堂文庫蔵本の序文は、当時、三善為康の綴った文体として不都合な点は特に見当らず、本来から存したと見て特に支障はないように思われる。唯、「童蒙頌韻綱目」については、後から加えた可能性があろうと思われる。静嘉堂文庫蔵本、群書類従本によると、本文中には「青九」の項目が存するのに、「綱目」では「十二庚」の次に「十五青」とあるべき項目が見えない。又、本文には「東一」「冬鍾二」「江三」と項目の順序番号であるのに、「綱目」では「一東」「二冬」「四江」のように、『広韻』の韻の順序の番号となっているのは、互に整合性が乏しく、後から附加したという感を免れない。何れにせよ、尊経閣蔵本にはこの「綱目」は存しないのであり、少くともこの点については、古形を存すると見得るかも知れない。

尊経閣文庫蔵本の本文の体裁は、先ず「東百廿字」「冬鍾八十八字」「江卅二字」「支百廿八字」「脂之百五十二字」のように韻目を建て、その次に

東ー風（ヒカシノカセ吹テ／（トウ　フウ）ト）　凍（コヲリ／（トウ））融（トク／ユウト）　紅ー虹（ク（レナヰ）ノニシタツテ／（コウ　コウ）ト）　空（ソラ／クウ）⿱雨衆（シクル／シウト）

霥蒙（コサメクラウシテ／（モウ　モウ）ト）　朦（ヲホロナリ／モウ）朧（ロウト）　霧（キリ／ホウ）籠（コメテ／ロウト）　瞳ー矓（クラシ／トウ　ロウタリ）（「曈曨」の誤）

冬（フユノ／トウ）醲（サケハ／チウノ）女容反　濃（コマヤカナリ／チヨウ）レ鍾（サカツキニ／シユト）　彤（アカキ／トウ）六冬　釭（トモシヒハ／コウノ）　重（カサネタリ／チヨウ）レ琮（タマヲ／ソウト）

のように、右傍に和訓を、左傍に字音注を付記し、語ごとに左右を続けて読むと、

トウチウノフユノサケハ、チヨウシユトサカツキニコマヤカナリ

トウコウノアカキトモシヒハ、チヨウソウトタマヲカサネタリ

のように、漢字二字の単位毎に「字音＋和訓」という読み方を示している。「文選読」と呼ばれているものであるが、これについては、本書の重要な特質でもあるので、後に更に述べることとしたい。

次に、この韻目を本書と、本書に次いで古い書写とされる静嘉堂文庫本『童蒙頌韻』とで比較して見ると、大凡次の如くである。

尊経閣文庫本『童蒙頌韻』

1東	百廿字	三十句
2冬鐘	八十八字	二十二句
3江	卅二字	八句
4支	百廿八字	三十二句
5脂之	百五十二字	三十八句
6微	六十四字	十六句
7魚	八十八字	二十二句
8虞模	百五十二字	三十八句
9齊	九十六字	二十四句
10佳皆	六十四字	十六句
11灰咍	一百十二字	二十八句
12眞諄臻	一百廿字	三十句
13文欣	七十二字	十八句
14元魂痕	一百四字	二十六句
15寒（「桓」欠）	八十八字	二十二句
16刪山	五十六字	十四句
17先仙	一百六十字	三十八句（ママ）
18蕭宵	一百廿六字（ママ）	三十二句
19肴	六十四字	十六句
20豪	六十四字	十六句
21歌戈	一百四十字（「十」衍）	二十六句

静嘉堂文庫本『童蒙頌韻』（群書類従本も大同、＊は群書類従本の異文）

（上平声）			
1東一	一百（＊十）八字除重点二字	三十句	
2冬鐘　二	八十四字除重点四字	二十二句	
3江三	三十二字	八句	
4支四	百廿八字	三十句	［尊経閣本の第17 18句欠］
5脂之五	百五十二字	三十八句	
6微六	六十二字除重点二字	十六句	
7魚七	八十八字	二十二句	
8虞模八	一百五十二字	三十八句	
9齊九	九十三字除重点三字	二十四句	
10佳皆十	六十四字	十六句	
11灰咍十一	八十八字	二十二句	［尊経閣本の第7 8 25 26 27 28句欠］
12眞（諄）臻十二	百十八字除重点（二字）	三十句	
13文欣十三	七十字除重点二字	十八句	
14元魂痕十四	一百字除重点四字	二十六句	
15寒桓十五	八十六字除重点二字	二十二句	
16刪山十六	五十四字除重点二字 （＊五十五字除重点一字）	十四句 十四句	
（下平声）			
17先仙一	一百五十九字除重点一字	四十句	
18蕭宵二	一百廿六字除重点二字	三十二句	
19肴三	六十四字	十六句	
20豪四	七十二字	十八句	［尊経閣本の第12句の次に二句あり］
21歌（戈）五	一百三字除重点一字	二十六句	

22麻	八十八字	二十二句
23陽唐	一百六十字	四十句
24庚耕清	一百十四字（ママ）	二十八句
25青	七十二字	十八句
26蒸登	八十字	二十句
27尤侯幽	一百四十四字	三十六句
29侵　独用	八十字	二十句
30覃談	八十字	二十句
31鹽添	七十二字	十八句
32咸銜	三十二字	八句
33嚴凡	一十六字	四句

（以上）

この韻目は、広韻の韻目と標字も順序も一致している。撰述当時の最も一般的であった切韻系の韻書に準じたものであろう。川瀬博士は『二中歴』の「切韻戸主字」に合致するとされるが、「切韻戸主字」は『韻蒙求』の「眞諄臻」が「眞臻」、「文欣」が「文殷」、「歌戈」が「歌」となっており、又、順序も「26蒸登」が「31鹽添」の後に、「30覃談」が「23陽唐」の前に位置するという相違があり、これは『童蒙頌韻』が『広韻』の韻目の順序と完全に一致するから、多分『二中歴』の方に誤写があるのであろう。

「15寒」は「寒桓」の「桓」を脱したのであろう（この点のみは「切韻戸主字」と合致する）。又、「17先仙　一百六十字」と表示しな

22麻六	八十八字	二十二句
23陽唐七	一百五十六字除重点四字	四十句
24庚耕清（八）	百十二（字）	二十八句
25青九	七十二字	十八句
26蒸登十	七十八字除重点二字	二十句
27尤侯幽十一	百四十四字	三十六句
29侵十二	七十六字除重点四字	二十句
30覃談十三	七十二字	十八句
31鹽添十四	七十二字	十八句
32咸銜十五	三十二字	八句
33嚴凡十六	一十四字除重点二字	四句

（以上）

がら三十八句のみであるが、これは、静嘉堂文庫蔵本に存する「全韉鞭騙　犏舷湔船」の二句が、『韻蒙求』では十九丁表三行目の次に有るべきを脱しているのであり、標題通り一百六十字（四十句）とあるのを正しいとすべきであろう。又、「18蕭宵　一百廿六字（ママ）」は三十二句あり、「百二十八字」を正しいとすべきであろう。「24庚耕清　一百十四字（ママ）」も二十八句あり、正しくは「百十二字」であろう。尚、静嘉堂文庫蔵本などで「微六　六十二字除重点二字」とある「重点」とは、「微々」「霏々」のように同じ漢字を重ねて一語としたもので、それが「微」韻の項目中に二字含まれているから、実質の「異なり漢字数」はそれを除いて六十二字という意味であ

る。

本書では、例えば「東」韻の韻目では「東風凍融」のように、韻字をその項目の最初に挙げ、以下同韻の字を四字を纏めて一句として連ねている。『蒙求』の場合は、故事来歴を一句として、その末尾の一字だけが韻を踏んでいるのに対し、『童蒙頌韻』では掲げられた総ての漢字が同じ韻の字であるという相違があり、一般には殆ど使われない難字が多く含まれている。本書の字音はいわゆる漢音であり、漢字の韻を暗誦するための書であって、恐らく漢詩文の製作の為の知識を得る目的で作られたことは明であるが、この本を撰述した著者にも非常な苦心があり、又、学習する者にとっても、相当の努力を要したことと思われる。

四

本書の音訓は、大部分が片仮名によって表記されている。その仮名の字体の一覧表は、別図に示す如くであるが、「ヲ」専用で「オ」は用いられていない。仮名字体は一般に弘治頃のものであるが、「衡」を「爪エタリ」（27ウ4）のように「ス」に「爪」を用いたのは、博士家点本に後世まで残存した字体であるから、その影響を受けたのかも知れない。濁点は稀に見られるが、「ガ」「ギ」「ゲ」「ゴ」「ダ」など、現代と同じく右肩に二点を施すもので、清濁の区別には特に法則は見られず、恣意的のようである。「ナリ」の「〻」、「シテ」の「〆」などの字体も、当時通用のものである。傍訓の中には、「ヒカシノカセ吹テ」（1オ2）、「釭」に「舟ノトマ車ノカモ」（2オ1）などの「吹」「舟」「車」のように、漢字を交えた所がある。

畳符	ン	ワ	ラ	ヤ	マ	ハ	ナ	タ	サ	カ	ア
シ、カリ ヨウ〈ト	レン ン	ワ	ラ	ヤ	マ	ハ	ナ	タ	サ	カ	ア
		ヰ	リ		ミ	ヒ	ニ	チ	シ	キ	イ
		ヰ	リ		ミ	ヒ	ニ	チ	シ	キ	イ
シテ			ル	ユ	ム	フ	ヌ	ツ	ス	ク	ウ
ソメ			ル	ユ	ム	フ	ヌ	ツ	ス 爪	ク	ウ
也		ヱ	レ		メ	ヘ	ネ	テ	セ	ケ	エ
ゝ		ヱ	レ		メ	ヘ	子	テ	セ	ケ	エ
如		ヲ	ロ	ヨ	モ	ホ	ノ	ト	ソ	コ	オ
如ゝ		ヲ	ロ	ヨ	モ	ホ	ノ	ト	ソ	コ	

前田育徳会尊経閣文庫所蔵『童蒙頌韻』所用仮名字体表

五

本書の内容の特徴の一つは、多数の文選読による片仮名の音訓の注記が、全巻に亘って存することである。

東　風　凍　融　　紅　虹　空　霂
霿　蒙　朦　朧　　霧　籠　瞳　曨（「曈曨」の誤）

右は冒頭の一節であるが、他の諸本の訓法を比較すれば、次の如くである。

［尊経閣文庫本］訓法
（トウフウ）トヒカシノカセ吹テ　（トウ）ユウトコヲリトク
（コウコウ）トク（レナヰ）ノニシタツテ　クウシウトソラシクル
（モウモウ）トコサメクラウシテ　モウロウトヲホロナリ
ホウロウトキリコメテ　トウロウタリ・クラシ

［静嘉堂文庫本］訓法
トウフウノヒカシノカセフイテ　トウユウトコヲリトク
コウコウノクレナヰ（「イ」を訂）ノニシ　クウシウハ（ママ）ソラニシクル、
ホウホウノ（「ト」に「ノ」と重書）コサメクラウシテ　ホウロウトヲホロナリ
ホウロウノキリコメテ　トウロウトアケナントス・アケホノ

［群書類従本］訓法
トウフウノヒカシノカセフイテ　トウユウトコヲリトク
コウコウノクレナヰノニシ　クウシウトソラニシクル、
ホウホウノコサメクラウシテ　ホウロウトヲホロナリ
ボウロウノキリコメテ　トウロウトアケナントス

［霊雲院本］訓法
（ヒカシ）ノカセフイテ　コヲリトケ
（クレナヰ）ノニシタテ　ソラシクル
コサメクラクシテ　モウロウトクラシ
キリコメリ（ママ）　トウロウトアケナントス

全般的に見て、字音の音読の部分については、当然のことながら諸本殆ど同一であるが、和訓の部分については、相当の異同がある。その中で、文選読が多くの部分を占めていることは、諸本大体同じ傾向であるが、それらの中で、霊雲院本は最も少く、静嘉堂本、群書類従本が最も多いように見える。特に、霊雲院本については、字音、和訓とも訓点が殆ど右傍のみであって文選読が少く、左右に字音と和訓とを併記した他本と著しく体裁を異にしている。巻末の一行を比較して記す。

［霊雲院本］
巌（イツクシク）牧（サトリヲ）　凡（ヲロカニ）侃（カロシ）　舥（フネ）㢒（ムナシク）　帆（ホ）颿（ハシル）
芝（ウキクサ）杔（シナ）　枕〱（コスキカヽミ）歈　汜〱（ハン〱トウカヒ）々　醃〱（エン〱トスシニス）々

〔尊経閣文庫本〕

厳（イックシク／ケン）牋（クサトツテ／ケント）　凡（ヲロカニ／ハン）仉（カルシ／ハント）　舥（フネ／ハン）㡯（ムナシク／ケン）　帆（ホ／ハン）颿（ハシル）

芝（ウキクサ／ハン）柉（シテノ木／ハンノ）　杴（コスキ／カン）欦（イヘノイモカラ／ケンノ）　氾（ウカンテ／ハン）々（〱ト）　醃（ヱツ／コン〱ト）々（於ム切（ママ）ヲン□）

「文選読」と呼ばれる訓法は、「朦朧」という漢語を「モウロウトヲ（オ）ボロナリ」のように、漢字（二字の漢語の場合が多い）を読むのに、先ず漢字音で「モウロウ」と読み、同じ字面を更に和訓で「オボロナリ」と読み、その間を助詞「ト」又は「ノ」で連続するというものである。かような訓法は、古来、文選の中で多く使用されたためにこの称があるが、古訓点資料の中では、早く平安時代初期の訓点本からその例が見え、爾来、平安時代から鎌倉時代以後に及ぶまで、長く行われた。しかしそれは、文章の中の一部分のみに用いられたもので、『童蒙頌韻』のように文章全体に亘って用いられた文献は、全く例外的であって、他にはその例を未だ知らない。

上述のように「文選読」の形式は「字音＋和訓」であるが、体言の場合は「犲狼」を「サイラウノオホカミ」と読むように「字音＋ノ＋和訓」、用言（いわゆる形容動詞を含む）の場合は「朦朧」という漢語を「モウロウトオボロナリ」と読むように「字音＋ト＋和訓」であって、形式が一定しており、字音の熟語一語「犲狼」に対して和訓「オホカミ」、「朦朧」に対して和訓「オボロナリ」のように、和訓一語が対応するのが原則であった。「崔嵬」を「タカクサガシ」のように和訓二語が対応する場合もあるが「崔」が「タカク」、「嵬」が「サガシ」に対応するのでなく、「崔嵬」全体が「タカクサガシ」なのであった。『童蒙頌韻』の中でも「微々」を「ヒ、トスクナク」（6ウ6）、「嗈々」を「ヨウ〱トヤハラキナク」（3オ2）、「胡洙」を「コシユノミツ」（8ウ3）、「蛁蟟」を「テウレウノツ、ホ（「カ」の誤か）ムシ」（20ウ1）と訓じたような場合は、古来の形式に即応しているが、一方、「空」が「ソラ」、「橐」が「シクル」に夫々漢字一字毎に対応しており、古例に合わない。更に「充叢」を「シウソウトクサムラニミテリ」（1オ5）と訓じた例に至っては、「充叢」を返読しており、かような訓法は、古くは絶えて例を見ないものである。以上のような異例の訓法は、平安時代は勿論、鎌倉時代に下っても、その例は見出されない。又、音訓を表記する位置についても、古くは、漢字の右傍に「字音＋和訓」を一行に記すのが普通であり、音訓を左右に分けて記すのは、南北朝時代以後になって初めて現れる。醍醐寺蔵本遊仙窟康永三年（一三四四）点に

霊（レイ／アヤシクメヅラシキ）｜奇（と）（一ウ）　向（キヤウ／ミアクレハ）｜上（と）（一ウ）

供（クキウ／タテマツリモノ）｜給（キフの）（二オ）　裙（クン／モノスソ）｜裾（キヨの）（七オ）

のようにあるのは、その夙い例と思われる。この文献の中には「霊奇とアヤシクメヅラシキ」「裙裾のモノスソ」のように、漢語の熟語の一字ごとに和訓を並べて読む例があるが、全体としては極く少数

であり、況してや尊経閣文庫本の「重レ琮」を「タマヲカサネタリ」（2オ6）のように返読する例は皆無である。又、遊仙窟康永点では、字音を右傍に、和訓を左傍に分けて記しているが、『童蒙頌韻』の諸本では、字音を左傍に、和訓を右傍に記しており、この点も異様である。文明年間（一四六九～一四八七）からあまり下らない頃の書写とされる『温故知新書』に、「篤(アツクシ/トク)偸(ウスクス/ユト)」（二四1）、「薹(アクタ/タイ)芥(ハカリ/カイノ)」（二三6）のような例があるのは、中世後期の現象を示すものであろう。又、遊仙窟康永点の中に「張騫トイヒシカンナギヒト」（一オ）「夏禹(ウ)トキコヘシミカド」（一オ）のように、語の内容を註釈したような文選読があるが、これは、本書の「虞(クノクニ)呉(コノクニ)」（8ウ3）、「嚧(ヤ/リヨシヨノ)岨(マ)洳(ミ/ジヨヂヨノ)涂(ツ)」（8オ6）のような例と共通する要素を持つことを聯想させるもので、これも比較的新しい形式の現れではないかと思われる。

思うに、このような音訓併記の表記の方式が、平安時代の天仁の頃から存したことは、訓点の歴史から見て甚だ疑問である。文選読の多い平安時代の訓点資料には、天理図書館蔵本『三教指帰』久寿点や、図書寮蔵本『文選』院政期点などがあるが、本書ほど頻用されていたわけではなく、それらさえも平安時代の訓点本としては、例外的存在であった。しかも、注意されるのは、尊経閣文庫本『韻蒙求』と静嘉堂文庫本『童蒙頌韻』（群書類従本も大同）では、相当の訓法上の相違があり、更に「霊雲院本」とも一致しない点があることである。字音については、漢音の直読であるから、諸本の間でさほどの大きな相違があったことは考えにくいが、訓読については、その元になった訓法が多様であったと考えることは可能であり、それが原因で、現在のように諸本によって訓読の部分が相違していると推測されるのではなかろうか。更に言えば、本来は音読の注だけを付した本と、別途に訓読した訓点を加えた本とがあったが、或る時期に、字音と和訓とを二句ごとに結合させて、「疑似的な」文選読の形式を作成した。その目的は、難解な漢字が目白押しに並んでいるこの本を、童蒙が理解するのに少しでも便宜を計らったためであった。訓読した訓点を加えた本というのは、後述の霊雲院本のような形態のもので、宮内庁書陵部本や内閣文庫本などもこれに近い類と推測されるが、その結合の結果生じたのが、現在見られるような異様な文選読の形なのではなかろうか。そして、その成立時期については、遽に明言は出来ないが、早くとも南北朝時代を遡ることはないと思われる。又、本書の中には、「崔(カタク/サイ)嵬(サカシ/クハイト)」（「タカク」の誤か）（12ウ2）「崢(サカシ/サウ)嶸(クハウト)」（27オ6）のように、『文選』に存する熟語の文選読が含まれており、このような訓法は、もとの訓読本の中に含まれていた可能性がある。

これらがきっかけとなって、上述のような、全文に亘って文選読が使用される本が作られたことも考えられる。尚、尊経閣文庫本には、「曒レ肥譏痱」の右傍に「ミテコヘタルヲツ、シム」（7オ5）のように和訓のみ存して字音を欠く句や、「蜛蝫椐樗」の左傍に「キヨシヨノキヨチヨノ」（8オ5）のように字音のみ存して和訓を欠く句が、二三見られる。書写の際の誤脱とも取れるが、或いは部分的に古い形が残存しているのかも知れない。（静嘉堂文庫蔵本では、前者は「ヒ

ヒト（「ノ」に「ト」と重書）ミテコエタルヲ、キヒトヤモヘルヲソシル」（15ウ4）、後者は本文が「梠榑樗櫡」となっていて「キヨチヨノハシノキスキノキ、チヨチヨト（ママ）アフチカ（チノ）キ（ママ）」と読んでいる（17ウ3））。又、静嘉堂文庫本では、「耆尼　キチノヲキナアマ、姿衰　シスイト（「ノ」に「ト」と重書）スカタヲトロヘタリ」（12オ5）や「欣断　キンキンノヨロコハシ（キ）ハシ、［イ、ハクキ］、瘽筋　キンキンノ（「ノ」に「ト」と重書）チスチヲヤメル」（30オ3）のように「ノ」を「ト」に改めたり、逆に「耆斯　キシノ（「ト」に「ノ」と重書）ヲキナハコレ、随紫　スイシトヲノヲ［イ、イヤシキニ］シタカヘリ」（9ウ6）や「巑岏　サンクハンノヤマ（「ト」に「ノ」と重書）、看難　カンナントカタキヲミル」（33ウ3）のように「ト」を「ノ」に改めたりしている所が多いのは問題であり、上述のような新形式の文選読が、もともとあった字音直読の訓点と、訓読の訓点とを連結した最初の段階で、字音の後に助詞「ノ」と「ト」とを附加していった際の誤を訂正した迹ではないかとも思われる。

因に、『蒙求』の場合を見ると、平安時代の写本である「長承本」「故宮博物院本」や鎌倉時代の「正倉院聖語蔵本」「真福寺宝生院本」「東洋文庫本」は本文は何れも字音直読のみであり、『童蒙頌韻』も古くはこのような字音直読本があったのではないかと推測されるのである。尚、「故宮博物院本」や「真福寺宝生院本」のように有注本では、注の部分だけを訓読している。

六

他方、以下述べるように、字音や和訓の中には、中世以降の活用や字音の状態を反映した部分があり、結果的には、平安時代の要素と中世以降の要素とが合糅して、現存の童蒙頌韻の諸本の状態が成立したと見られるのではなかろうか。

次のような和訓の中で、中世以降に生じた新しい語形と思われる。「東(ヒカシ)」（1オ2）は古形「ヒムガシ」であり、「童(ワラヘ)」（1ウ2）は「ワラハベ」、「慈(イツクシキ)」（5ウ6）「仁(イツクシキ)」（13オ6）の「イツクシ」は「ウツクシ」、「啀(カマヒスシク)」（11ウ6）「譁(カマヒスシウシテ)」（24オ6）のシク活用はク活用で「カマビスク（ウ）」、「謾(アナトル)」（17ウ4）は「アナヅル」、「豻(ヲヽカメ)」（18オ3）「狼(ヲヽカメ)」（25ウ3）は「オホカミ」が平安時代までの古い形であった。「便(ウルハシ、)」（19オ5）はシク活用形容詞の終止形「ウルハシ」の中世以後の新しい形であり、「加(クハヘリ)」（24ウ3）は下二段活用の「クハへ」に助動詞「リ」の付いた形であるが、平安時代には「タリ」が付いて「クハヘタリ」の形が一般であった。「蟆(カイル)」（24オ5）も、室町時代以後から見える形で、古くは「カヘル」であった。又、「災(ハサハイ)」（13オ3）「熕(ハツラハス)」（16オ3）「忘(ハスル)」（26ウ1）のように、語頭のwaを「ハ」と表記するのも、中世的である。漢字音では、韻目では区別があるのに、-nと-mとの区別が無く、古くは「-ム」で表記されていた語が一様に「-ン」で、表記されており、侵韻の「侵(シン)」（31ウ1）「林(リン)」（31ウ2）、鹽

韻の「鹽《エン》」(33オ5)、咸韻の「咸《カン》」(34オ3)など、-m韻尾の字は何れも「ーン」で表記されている。又、オ列の開合は保たれており、開音(ア列音＋ウ)では江韻の「江《カウ》」(3オ6)、肴韻の「肴《カウ》」(21ウ1)、陽韻の「陽《ヤウ》」(25オ3)など「ア列音＋ウ」である。但し豪韻は一般に「豪《カウ》」(22オ4)「牢《ラウ》」(22ウ4)など開音であるが、唇音に限って「毛《モウ》」(22ウ2)のように合音表記であることは、古来の例に即したものである。これに対して、合音(オ列音＋ウ)では、冬韻の「冬《トウ》」(2オ6)、蕭韻の「蕭《セウ》」(20オ2)、宵韻の「料《レウ》」(20オ4)など、「オ列音＋ウ」又は「エ列音＋ウ」である。

一方、中古以来の古い訓点の語彙も伝承されており、「咡《サキラ》」(5オ4)「沖《ヒイル》」(1オ5)「褌《ヲキヌツテ》」(4オ5)「屍《シニカハネ》」(6オ1)「惝《ウレヘヲ》」(8オ2)(南北朝時代以降「ウレイ」となる。)「邀《ヨル サイキル》」(群書類従本は「ムカヘキ」)(20ウ2)、「遮《サイキツテ》」(群書類従本は「サヘキツテ」)(24オ4)、(中世以降「サヘキル」に転訛した)、「挐《ヒコツライ》」(24ウ2)「遑《イトマアキアテ》」(26ウ2)、「黏《ネヘタリ》」(33オ6)などの例が見える。

かような点から見ると、本書の音訓は、最初古い訓読によって設定されたが、後、中世以降の言語変化の影響を受けて部分的に変容した。特に字音については、普遍的音韻変化を蒙って、室町時代の字音体系によって表記されていると認められる。但し、「庸《ヨツキモノ》」(2ウ3)(「ミツキモノ」の誤か)「鷽《ウクス》」(27オ6)(「ウクヒス」の誤か)のような誤写もあるが、全体としては精写本と認められ、他の伝本と比較した場合、例えば「橐」(1オ2)を本書では「シクル」と古形で訓じているのに、静嘉堂文庫蔵本や群書類従本には「シクル、」となっていることは、本書の方が古形を保った例と思われる。

七

『童蒙頌韻』の写本、刊本の内、尊経閣文庫本の他、主要なものについて知り得た所に言及したい。

◎静嘉堂文庫蔵本『童蒙頌韻』一冊

桃山時代慶長年間(一五九六～一六一五)頃の書写、淳賢の筆に係り、枡型本、袋綴装四穴、褐色の糸で綴じる。料紙は楮紙で、全冊に裏打を施す。墨界があり、序文の部分は一面八行、本文は六行に書写している。本文は一行に一句四字宛を記し、漢字の左右に片仮名で附訓し、主として右側に字音、左側に和訓を施している。欄外に注記を多く記するが、その内容は本文中の字句の注釈又は異文である。印記には一丁表に「温古堂文庫」複廓朱方印と、「松井蔵書」単廓朱楕円印が、二丁表に「静嘉堂現蔵」複廓朱方印がある。灰色地無文の原表紙、表紙、裏表紙各一紙、本紙九十六紙を存し、縦一四・五糎、横一五・三糎、界高九・六糎、界幅一・九糎(序文の部分は界高一一・一糎、界幅一・四糎)を算する。「温古堂文庫」は塙保己一の孫塙忠韶の蔵書印、「松井蔵書」は松井簡治博士の蔵書印であり、昭和十一年に静嘉堂文庫に譲られて収められた。『群書類従』所収の『童蒙頌韻』の原本となった本と見られる(函架番号　一

五〇 一 三 二〇〇七七)。本書は、昭和五十一年に川瀬一馬博士の解説を添え、「古辞書叢刊」に収めて複製本が公刊された。

表紙右下に「亮海」の署名があり、外題には「童蒙頌韻一部」、内題には「童蒙頌韻序」とあって「柱下愚老三善為康」の名による序文が第一丁の表裏に亘って記され、文中「右親衛藤員外次將」の命によって撰し、凡て二千九百五十五言、重点三十七字を除いて、天仁貳稔(一一〇九)令(「念」の誤か)四日(念四日ならば廿四日の意)に完成したと言う。次いで二丁表に更に内題「童蒙頌韻綱目」を記し、「上平声」「下平声」に分ち、綱目の名称を「一東 獨用」「二冬与三鐘通」「四江 獨用」のように列記し、三丁裏から「東一 一百(十)八字除重点二字」「冬鐘 二 八十四字除重点四字」のように標題を記し、「東風凍融」の語句に始り、三十六丁表で上平声の「刪山十六 五十四字除重点二字」の十四句が終り、「下平声」の「先仙一 一百五十九字除重点一字」の標題を立て、「先賢沿天」の字句が始り、六十七丁裏に到って「嚴凡十六」の章が終り、六十八丁表に、尾題「童蒙頌韻終」とある。それと同じ面に「慶長四年己亥卯月廿一日/於常劦下妻長峯子刻/書功成　亮海形見哀哉々々」なる記事を墨単廓内に三行に記すが、これは刊記の写しか、或いはこの本全体が版下として書かれたものか、明でない。しかし、本文中には欄外に到るまで多くの書き入れがあり、版下本と見ることは困難のように思われる。

六十九丁表から再び「一東　兩韻」「冬鐘二　兩句」のような標題を掲げ、「凍」「蝀」「空」などの漢字の単字を掲げて、片仮名交り文によって韻や字義の解説を加えて九十五丁裏に及び、その面に「淳賢書之」の奥書、更に九十六丁には、界線は無くて「○蔟供」など二十七の語句とその音訓を記し、最後に「以上墨付九十六丁」の奥書で終っている。

尾題の次に刊記の写しがあり、その後に二十七紙に亘り、韻目別の漢字の注記がある。

本文は次のような体裁である。

東(トウ)(ヒカシノ)　風(フウノ)(カセフイテ)　凍(トウ)(コヲリ)　融(ユウト)(トク)　紅(コウ)(クレナヰノ)(「イ」を「ヰ」と訂)　虹(コウノ)(ニシ)　空(クウ)(ソラニ)　霥(シウハ)(「ト」の誤)(シクル、)

本書は、極く僅の後筆がある他は、全冊殆ど同筆のようである。欄外などの注記も多く同人の追筆と見られ、又、所々に重書又は擦消して重書しているが、これも同類と見て良いと思われる。

本書は、川瀬一馬博士の説の通り、何らかの形で群書類従本の親本となった本であろう。唯、群書類従本では、本書六十七丁裏の記事で終り、六十九丁表からの「一東　兩韻」以下の注文の記事が無いこと、慶長四年の亮海の刊記が存し、その後に「童蒙頌韻攷異」数条が掲げてあることなど、今後更に検討すべき問題は残されていると言えよう。

(『作文大體』と『童蒙頌韻』とを一冊に収める)

◎群書類従巻第百三十七所収本『童蒙頌韻』

江戸時代文政三年頃刊、袋綴装、楮紙、無界、十行、目録末に文

政三年の序文年紀あり、訓点付刻、外題に「童蒙頌韻　一部」とあり、内題に「童蒙頌韻序」及び「童蒙頌韻綱目」とある。尾題は無い。

刊記の写に「慶長四年己亥卯月廿一日於常州下妻長峯子刻書功成亮海形見哀哉々々」とあり、奥書には「淳賢書之」「以上墨付九十六丁」とあって、静嘉堂文庫本と同一である。序文には訓点無く、序文に続いて「童蒙頌韻綱目」を掲げ、「上平声」「下平声」に大別し、綱目名を「東一　百十八字除／重点二字」「冬鐘　二　八十四字／除重点四字」で始める。これらは何れも静嘉堂文庫本と同一である。但し、静嘉堂文庫本に存する補注の類は全く見えない。

◎霊雲院蔵本『童蒙頌韻』一冊

川瀬一馬博士の論文「傳三善為康筆本「童蒙頌韻」について」(『書誌学』復刊新十九号、昭和四十五年五月、『増訂古辞書の研究』昭和六十一年二月再収)が在ることを、橋本義彦氏の御教示によって知った。それによると、京都東福寺霊雲院所蔵本が現存し、京都国立博物館に寄託されている由、筆者未見であるが、川瀬論文によって略述する。

本書は鎌倉末期頃の書写、冊子本で縦七寸三分五厘(二二・三糎)、横四寸九分五厘(一五・〇糎)、「霊雲院」単廓朱方印、小型四角墨印があり、一面八行、本文墨附十七丁。以下、附載の巻首、巻末計二葉の写真によると、本文の漢字、訓点が同筆のようであること、返点が字間の中央にVの形で在ること、片仮名「シ」「レ」「ツ」などの末画が鋭く跳ねていること、等を勘案して、筆者は、室町時代初期の写本と推定したい。巻首に内題「童蒙頌韵序／柱下愚老三善為康」、巻末に尾題「童蒙頌韻下終」が見え、上下二巻本と見られる。

尊経閣文庫本よりは約百年余り古い写本と判断されるが、本文は静嘉堂文庫本に近い構成を持つようで、尊経閣文庫本の特異な形態は、書写年代の新古とは別に貴重な存在と見るべきであろう。訓法は和訓を主とするもので、文選読は一部分に過ぎない。訓点の古形を示すものかと推測する(前述)。

尚、霊雲院は、もと不二庵と称し、南北朝時代明徳元年(一三九〇)、東福寺第八十八世岐陽方秀の創建に係り、後、文明五年(一四七三)霊雲院と改めたという。(1) 岐陽方秀(一三六一～一四二四)は臨済宗、讃州の人、儒を業とした祖父から詩書を授けられ、義堂周信等に学んで詩文に優れ、南禅寺、天竜寺等に歴遊して後、東福寺に住し、東福寺に伝わる虎関師錬以来の学風を承けて著作多く、五山文学の雄として活躍した。このような歴史的背景を持つ霊雲院に本書が伝来したことは、故無しとしないであろう。(2)

◎同上影印本　一冊

東京大学国語研究室蔵。明治三十四年十一月の刊本で、同じ版本を二部蔵する。袋綴装縦長本、明朝装、四穴、薄手の唐紙、縦二五・七糎、横一五・七糎の小冊子で、薄卵色地無文表紙に素紙の貼題簽を施し、本紙は十七紙、他に表紙、遊紙、奥付、裏表紙がある。

界線は無く一面八行に記す。外題は複廓黒線で囲み「童蒙頌韻」と記す。本文は筆写の原板を石版刷としたもので、奥付のみ活版。本文の冒頭に「霊雲院」単廓朱方印が押捺されている。内題下に「黒川真道蔵書」単廓朱方印、「黒川真前蔵書」単廓朱方印、「便龕(?)」朱印、表紙右上に「辞書」単廓朱円印があり、黒川家旧蔵本であることを示している。巻首に序文（附訓あり）、巻末に次のような跋文と奥付とがあり、当時の京都帝室博物館長であった山高紫山（川瀬博士上掲論文）が跋文を加えて、京都の小山三造なる人物によって刊行されたことを知る。

（跋）為康三善越中人官至諸陵頭平生著書已行世焉今又見之霊雲
朴心禅師／虔詞品淡雅筆致蕭散有古色可／愛者未知有印本
否也即乞師付／手此(?)廣傳以為快
辛丑五月紫山雖書于不於艇　（単廓朱方印）「離」

（奥付）明治三十四年十一月一日印刷
明治三十四年十一月五日発行
著作者　故　三善為康
発行兼印刷者　京都市下京区三条通柳馬場東入中ノ町三十六番戸／小山三造

巻首に三善為康の序文があり、韻目の第十六と第十七との間で上下に二分し、序文、本文に亘って、片仮名の傍訓を施す。異文の注記あり、韻目は同一の形で静嘉堂文庫本、群書類従本に引き継がれているが、片仮名音注の中に、「狂(クヰヤウ)」「兢(クヰヨウ)」「鈞(クヰン)」「玄(クエン)」「権(クエン)」「元(クエン)」のように、ワ行合拗音「クヰ」「クヱ（ヱの轉であろう）」の残存や、「邕(キヨウ)」のような古い表記を保っていると見られる例があり、和訓の表記方式などを全体的に勘案すると、室町時代初期以前の古形を残しているかと思われる。訓法については上述。尚、国立国会図書館の蔵書目録にもこれと同版と思われる蔵本がある。

◎宮内庁書陵部蔵本　『童蒙頌韻略』一冊（橋本義彦氏調査による）

縦二八・八糎、横二二・九糎、袋綴冊子本一冊、紫色綴糸、縹色表紙、左側貼題簽に外題「童蒙頌韻略」、墨付十六丁の他、巻首二葉、巻尾一葉の遊紙があるが、その内巻首の一紙と巻尾の一紙とは原は表紙及び裏表紙の見返紙と思われる。料紙は打紙加工した楮紙。

第一丁表には「童蒙頌韻序」の題あり、第一丁裏に「童蒙頌韻略」と記し、更に

上平自東之韻至刪之韻
下平自先之韻至嚴之韻
上平千五百十八言除
重點二十一字
下平千四百十言除
重點十六字

の記事あり、第二丁表以下の本文は一面八行、各行二段、各段八字で記され、清書の趣がある。毎行右傍に片仮名附訓あり、音読は二三の例のみで殆ど目につかない。

◎内閣文庫蔵本『童蒙頌韻』一冊（橋本義彦氏調査による）

縦二七・五糎、横一八・八糎、袋綴冊子本一冊、料紙は楮紙、渋引表紙、左側貼題簽に外題「童蒙頌韻異本」、墨付十六丁、巻首に「内閣文庫」「日本政府圖書」「書籍館印」の各朱方印、及び「淺草文庫」の長方朱印の印記がある。

第一丁表には「童蒙頌韻序」の題があって第一丁裏にかけて序を載せ、第二丁表に「童蒙頌韻巻上千五百十八言除重點二十一言」と題して、「東一独用」より「刪山十六」まで、群書類従本の「童蒙頌韻綱目」の「上平聲」に相当する十六言（但し小異あり）を載せる。更に第九丁裏に「童蒙頌韻巻下千四百四十言」と題して「先仙一」より「嚴凡十六」までの十六章を掲げ、巻尾に「童蒙頌韻下巻終」と題し、その下に小字で「元禄壬申冬佐々宗淳獲之京師寫」の跋を載せる。本文は楮紙で、一面八行、各行二段、各段八字で記され、片仮名附訓あり、音読は殆ど見当たらない。文字は粗雑で、誤写も少なくないようである。

◎三手文庫本　『国書総目録』所載、未見。

[注]

（1）『東福寺誌』（昭和五年四月）

（2）『延寳傳燈録巻第三十三』。『本朝高僧傳四十』。「岐陽方秀」（『国史大辞典』今枝愛真執筆）。

[参考文献]

○川瀬一馬『古辞書の研究』一九七〜二〇二頁。
○川瀬一馬「弘治二年写　童蒙頌韻（原形本）解説」（「古辞書叢刊」第三回配本、昭和四十九年一月）
○川瀬一馬「慶長頃写　童蒙頌韻　解説」（静嘉堂文庫蔵本、「古辞書叢刊」第八回配本、昭和五十一年九月）
○山岸徳平「童蒙頌韻」（『群書解題』文筆部（一）、昭和四十年二月）

[追記]

本稿の執筆に当っては、尊経閣文庫常務理事橋本義彦先生、同文庫主幹菊池紳一氏を始めとする、財団法人前田育徳会の各位より、終始格別の御指導、御高配を賜った。御厚情に対し、心から御礼申上げたい。山岸、川瀬両博士の御論考からは多くの学恩を仰いだ。筆者の健康上の事情により、執筆が延引して御迷惑をかけたことを、深くお詫び申上げる。却って、橋本先生には、文庫の蔵本についても御懇篤な御示教を忝うした上、御多用の中を諸処の文献について精細な御調査の結果を御教示賜り、更に霊雲院本についても、御高教を仰いだ。深謝申上げる。又、諸本の閲覧については静嘉堂文庫長米山寅太郎先生、増田晴美氏、月本雅幸氏、岡部嘉幸氏等の御芳情、御高配を賜った。記して深甚の謝意を表し奉る次第である。又、八木書店の八木壮一社長、金子道男氏には編輯、調査等について、多大の御尽力を頂いた。併せて厚く御礼申上げたい。

参考図版

外側の包紙（縦三四・一糎、横四八・〇糎。解説4頁参照）

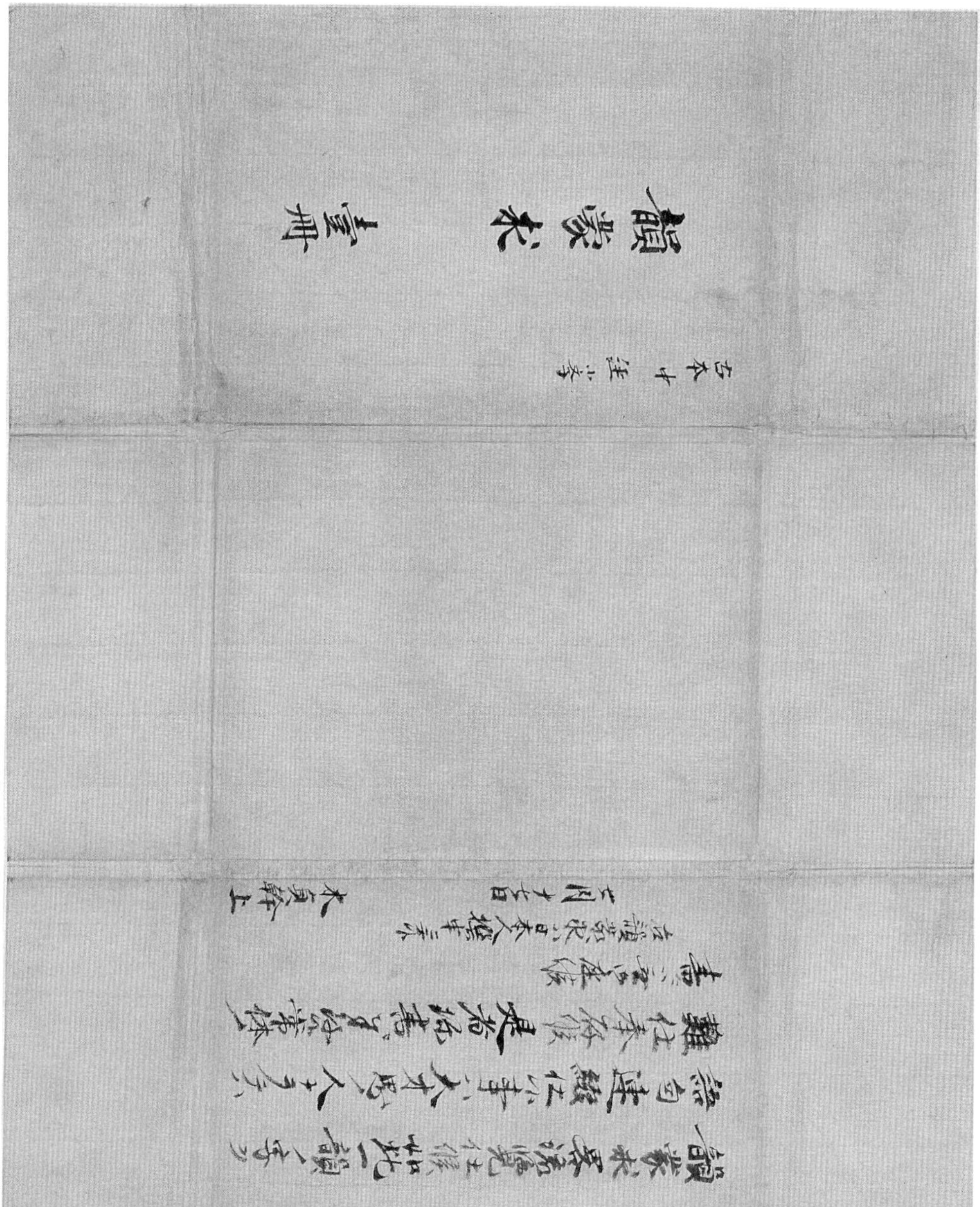

内側の包紙　表書（縦三八・一糎、横四七・五糎。解説3〜4頁参照）

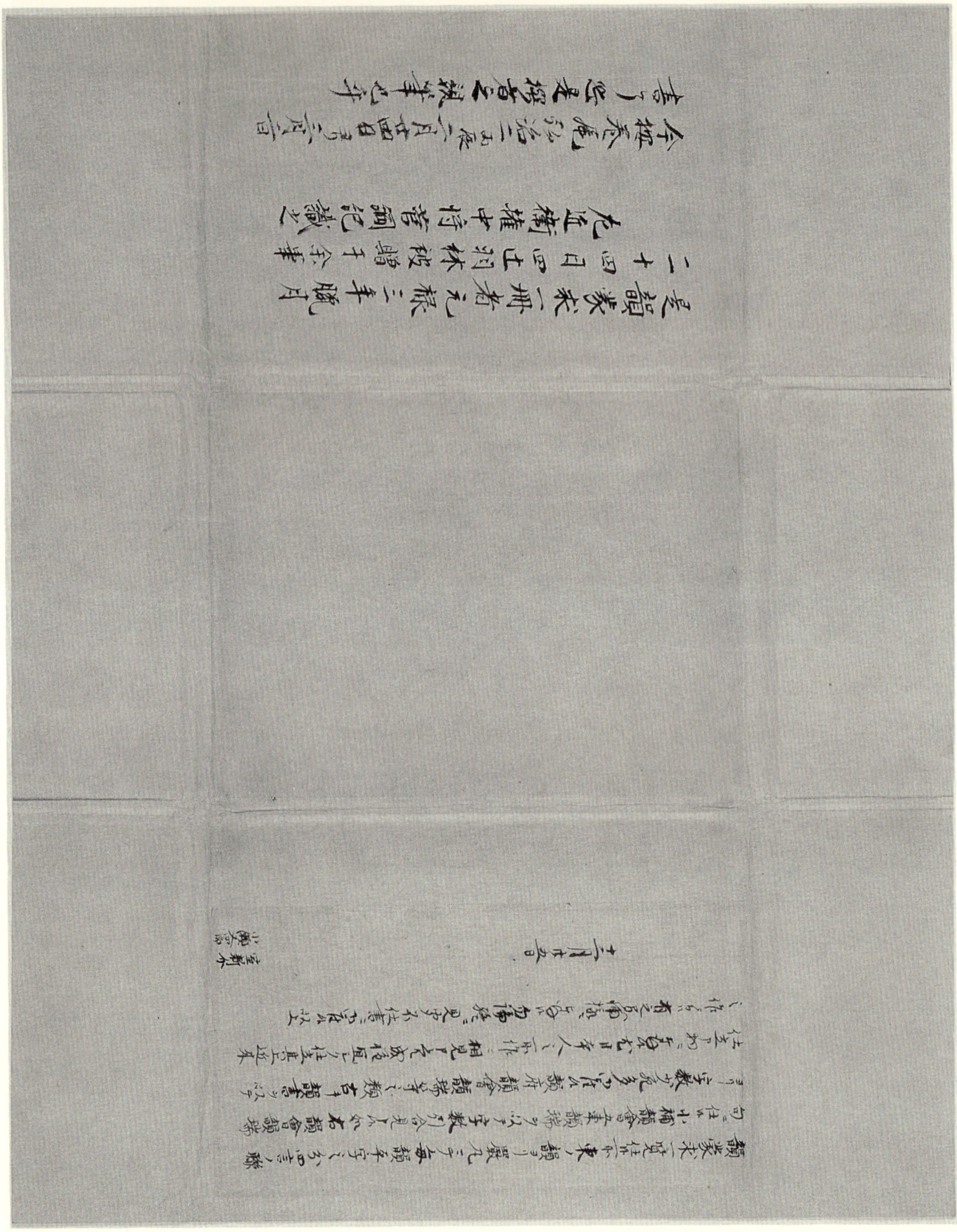

内側の包紙　内書
（解説3〜4頁参照）

尊経閣善本影印集成 25-2
童蒙頌韻

発行 平成十二年七月三十一日
定価 二冊組 本体二八、〇〇〇円
※消費税を別途お預かりいたします。
編集 財団法人 前田育徳会尊経閣文庫
東京都目黒区駒場四－三－五五
発行所 株式会社 八木書店 代表 八木壮一
東京都千代田区神田小川町三－八
電話〇三－三二九一－二九六一（営業）・二九六九（編集）
FAX〇三－三二九一－二九六二
製版・印刷 天理時報社
用紙（特漉中性紙） 三菱製紙中川工場
製本 博勝堂

ISBN4-8406-2325-2(二冊組) 第三輯 第5回配本